Japanese

Short Stories & Essays

For language learners

Noboru Akuzawa

First Published 2021 by Amazon Digital Services LLC

Copyright © Noboru Akuzawa 2021

ISBN: 9798543273173

Noboru Akuzawa
Kume 1555-1,
Tokorozawa,Saitama,
359-1131,Japan

Email: akuzawa@gmail.com

Table of Contents

■ Introduction

As the title suggests, this book is a collection of short stories and essays for Japanese language learners. In creating this book, I have tried to cover as many different genres of topics as possible. Also, since there are already many reading materials and Japanese language learning materials based on folktales, this book covers contemporary and everyday topics. I have tried to include short stories that are as interesting, surprising, funny, emotional, or educational as possible. In addition, I have included small illustrations to help the reader visualize the story. You can start from the beginning and read in order, or you can start with a title or topic that interests you. I hope you will enjoy reading this book.

The basic structure of each chapter is as follows

• Sentences with furigana (reading aid)
• Sentences with English translations
• Vocabulary list
• Original Japanese text (without reading aid)
• Questions and answers

You can use this book in any way you like, but I recommend that you first read the sentences with the furigana and check the story in your own way. For words you don't know, check the vocabulary list and read to the end first. After that, it is a good idea to check the English translation, including all the details. In addition, this book includes the original Japanese text without furigana, so if you are interested, you can try this as well. At the end of each chapter, there are some simple questions to check your understanding.

I am the author of the Japanese Sentence patterns Training Book series, which is designed to help Japanese learners improve their Japanese conversation skills.

I was inspired to write this book after receiving many e-mails from readers of the Japanese Sentence patterns Training Book series asking for recommendations on books for reading comprehension.

As a language learner, I have always believed that it is more effective to understand and remember new vocabulary and expressions in the context of the story, rather than just trying to memorize them without any context. I would be happy if this book could help you learn Japanese.

■ Free Book!

How to Speak Japanese: The Faster Way to Learn Japanese

SCAN ME

This report is written for the following types of Japanese learners:

•Japanese learners who are new to learning Japanese and want to learn Japanese not only to understand but also to speak it.

•Japanese learners who have a good knowledge of Japanese vocabulary, grammar and can read, but find it difficult to speak.

CHAPTER 1 靴を脱ぐ習慣　The habit of taking off shoes

家に入るときに靴を脱ぐ、という日本の習慣をあなたは知っていますか。なぜ日本人は靴を脱ぐことにこだわるのでしょうか？一番の理由は、清潔さにあります。

日本の気候はとても湿度が高いです。道路が舗装されていなかった時代には、外から泥や汚れを持ち込まないように自然に靴を脱いでいました。特に家の床は畳でした。畳は汚れが落ちにくいのです。

加えて、日本人にとって床は歩くためだけのものではありません。日本人にとって床は歩くためだけのものではなく、食事や睡眠などを行うための場所でもあるのです。たとえば日本人が床の上に布団を敷いて寝るシーンをあなたは見たことがあるかもしれません。

では、どのタイミングで靴を脱ぐべきなのでしょうか？

最も多いのが、人の家に入るときです。現実的には、外の汚れを家の中に持ち込むことは避けたいので、これは当然です。

私たちが注目するべきなのは、玄関です。家でもマンションでも学校でも、どんな建物にも玄関があります。この玄関は内と外との明確な境界線です。玄関は「外」とみなされ、靴を脱がなければならない場所でもあります。

一方で、玄関がなく判断が難しい場所も一部あります。そういった場合は靴箱やスリッパがヒントになります。当然ながら、これは「ここで靴を脱いでください」というサインです。

靴を脱ぐ習慣 The habit of taking off shoes with English Translation

家に入るときに靴を脱ぐ、という日本の習慣をあなたは知っていますか。なぜ日本人は靴を脱ぐことにこだわるのでしょうか？一番の理由は、清潔さにあります。

Have you ever heard of the Japanese custom of taking off your shoes when entering a house? Why do Japanese people insist on taking off their shoes? The main reason is for cleanliness.

日本の気候はとても湿度が高いです。道路が舗装されていなかった時代には、外から泥や汚れを持ち込まないように自然に靴を脱いでいました。特に家の床は畳でした。畳は汚れが落ちにくいのです。

The climate in Japan is very humid. In the days when roads were not paved, people naturally took off their shoes so as not to bring in mud and dirt from outside. Especially, the floor of the house was tatami. Tatami mats are difficult to clean.

加えて、日本人にとって床は歩くためだけのものではありません。日本人にとって床は歩くためだけのものではなく、食事や睡眠などを行うための場所でもあるのです。たとえば日本人が床の上に布団を敷いて寝るシーンをあなたは見たことがあるかもしれません。

In addition, for Japanese people, the floor is not just for walking. For Japanese people, the floor is not only for walking, but also for eating and sleeping. For example, you may have seen the scene where Japanese people lay out futons on the floor to sleep.

では、どのタイミングで靴を脱ぐべきなのでしょうか？

So when should you take off your shoes?

最も多いのが、人の家に入るときです。現実的には、外の汚れを家の中に持ち込むことは避けたいので、これは当然です。

The most common reason is when you enter someone's house. In reality, this is natural because we do not want to bring dirt from outside into our homes.

私たちが注目するべきなのは、玄関です。家でもマンションでも学校でも、どんな建物にも玄関があります。この玄関は内と外との明確な境界線です。玄関は「外」とみなされ、靴

を脱がなければならない場所でもあります。

What we need to focus on here is the entrance. Every building, whether it is a house, an apartment, or a school, has an "entrance". This "entrance" is a clear boundary between the inside and the outside. This entrance is considered the "outside" and is also the place where you have to take off your shoes.

一方で、玄関がなく判断が難しい場所も一部あります。そういった場合は靴箱やスリッパがヒントになります。当然ながら、これは「ここで靴を脱いでください」というサインです。

On the other hand, there are some places that have no entrance and are difficult to determine. In such cases, shoe boxes and slippers can be a hint. Naturally, this is a sign that says, "Please take off your shoes here."

ことばと表現 / Vocabulary & Expressions

家【いえ】 house

入る【はいる】to enter

靴【くつ】shoes

脱ぐ【ぬぐ】 to take off

日本 【にほん】 Japan

習慣 【しゅうかん】 habit

一番 【いちばん】 first

理由 【りゆう】 reason

清潔さ 【せいけつさ】 cleanness

気候 【きこう】 climate

湿度 【しつど】 humidity

高い 【たかい】 high

舗装する 【ほそうする】 to pave

時代 【じだい】 age

外 【そと】 outside

泥 【どろ】 mud

汚れ 【よごれ】 stain

持ち込む 【もちこむ】 bring in

自然に 【しぜんに】 naturally

特に 【とくに】 especially

床 【ゆか】 Floor

畳 【たたみ】 tatami

落ちる 【おちる】 come off

加えて 【くわえて】 in addition

日本人 【にほんじん】 Japanese

歩く 【あるく】 to walk

食事 【しょくじ】 meal

睡眠 【すいみん】 sleep

行う 【おこなう】 to do

場所 【ばしょ】 place

上 【うえ】 up, on

布団 【ふとん】 futon

敷く 【しく】 to lay out

最も 【もっとも】 most

多い 【おおい】 many

避ける 【さける】 to avoid

当然 【とうぜん】 naturally

注目する 【ちゅうもくする】 to pay attention

玄関 【げんかん】 entrance

学校 【がっこう】 school

建物 【たてもの】 building

内 【うち】 inside

明確な 【めいかくな】 definite

境界線 【きょうかいせん】 boundary line

判断　【はんだん】　judgment

難しい　【むずかしい】　difficult

場合　【ばあい】　case

靴箱　【くつばこ】　shoe box

靴を脱ぐ習慣 The habit of taking off shoes without reading aids

家に入るときに靴を脱ぐ、という日本の習慣をあなたは知っていますか。なぜ日本人は靴を脱ぐことにこだわるのでしょうか？一番の理由は、清潔さにあります。

日本の気候はとても湿度が高いです。道路が舗装されていなかった時代には、外から泥や汚れを持ち込まないように自然に靴を脱いでいました。特に家の床は畳でした。畳は汚れが落ちにくいのです。

加えて、日本人にとって床は歩くためだけのものではありません。日本人にとって床は歩くためだけのものではなく、食事や睡眠などを行うための場所でもあるのです。たとえば日本人が床の上に布団を敷いて寝るシーンをあなたは見たことがあるかもしれません。

では、どのタイミングで靴を脱ぐべきなのでしょうか？

　最も多いのが、人の家に入るときです。現実的には、外の汚れを家の中に持ち込むことは避けたいので、これは当然です。

ここで私たちが注目するべきなのは玄関です。家でもマンションでも学校でも、どんな建物にも「玄関」があります。この「玄関」は内と外との明確な境界線である。この玄関は「外」とみなされ、靴を脱がなければならない場所でもあります。

一方で、玄関がなく判断が難しい場所もあります。そういった場合は靴箱やスリッパがヒントになります。当然ながら、これは「ここで靴を脱いでください」というサインです。

問題　/ Questions

1. 日本人は家の中で靴をはく。

   Japanese people wear shoes in the house.

   a. はい

   b. いいえ

2. 日本のどんな建物にもあるのは何でしょうか。

   What is it that exists in any building in Japan?

   a. 花瓶

   b. 畳

   c. 玄関

   d. 布団

3. 筆者は玄関をどのようなものだと定義していますか。

   What does the author define as an entrance?

   a. 食事をする場所

   b. 布団を敷いて寝る場所

   c. 内と外との境界線

答え　/ Answers

1. a　いいえ　false

2. c. 玄関　entrance

3. c. 内と外との境界線　The boundary between inside and outside

CHAPTER 2 ジョシュアの旅 Joshua's Journey

1

ジョシュアはアメリカの高校生です。１６才です。趣味はギターです。小学生の時に、ジョシュアはテレビでアシモを見ました。アシモは日本のロボットです。アシモは歩きました。走りました。話しました。ジョシュアは驚きました。

ジョシュアはいつかアシモのようなロボットを作りたいです。彼は日本でロボットについて勉強したいです。だから、彼は日本語の勉強を始めました。

ジョシュアは毎日、日本語を勉強します。日本語にはひらがなとカタカナと漢字があります。

ひらがなとカタカナはそれぞれ４６文字あります。
外国から来た言葉はカタカナで書きます。
漢字はたくさんあります。

ジョシュアは漢字を少しだけ知っています。毎日、彼は漢字を勉強します。

ある日、ジョシュアは雑誌で言語交換アプリを知りました。彼は日本人の言語交換パートナーがほしいです。ジョシュアは言語交換アプリで日本人の高校生の自己紹介を読みました。

「僕の名前はあきらです。１６才です。高校生です。京都に住んでいます。高校を卒業した後、アメリカの大学で人工知能の研究をしたいです。だから、僕は英語を勉強しています。」

ジョシュアはあきらにメッセージを送りました。
「あきらさん、はじめまして。ジョシュアです。僕は高校生です。アメリカ人です。日本語を勉強しています」

「ジョシュアさん、はじめまして。僕も高校生です。日本人です。一緒に日本語と英語を勉強しましょう！」

二人は友達になりました。ジョシュアにとって、あきらははじめての日本人の友達です。あきらは英語が上手ではありません。ジョシュアも日本語が上手ではありません。

5

ある日、ジョシュアにメッセージが届きました。

「ジョシュアさん、はじめまして。私の名前はゆめです。高校生です。東京に住んでいます。１７才です。」

「ゆめさん、はじめまして。僕は１６才です。高校生です。カリフォルニアに住んでいます。」
ジョシュアは返事をしました。
「ジョシュアさんはなぜ、日本語を勉強しているのですか」
ゆめが質問しました。

6

「小学生の時、テレビでロボットのアシモを見ました。僕はアシモが好きです。将来、僕は日本の大学でロボットづくりを勉強したいです」ジョシュアは答えました。

「私も日本科学未来館でアシモを見たことがあります！アシモはサッカーをしていました！」ゆめは言いました。

高校を卒業した後、ゆめはイギリスの大学で勉強したいです。
大学で言語学を勉強したいです。彼女は英語が上手です。

7

ジョシュアは春休みに、日本へ旅行します。はじめて日本に
行きます。彼は大阪、京都、そして東京に行きます。

あきらは、言いました。「僕が大阪と京都を案内します。オー
プン・テクノロジー・センターに一緒に行こう」

ゆめは言いました。「一緒に日本科学未来館にアシモを見に
行きましょう」

ジョシュアは京都で、あきらに会いたいです。
東京で、ゆめに会いたいです。
そして、彼はもちろんアシモに会いたいです。

ジョシュアの旅 Joshua's Journey with English Translation

1

ジョシュアはアメリカの高校生です。１６才です。趣味はギターです。小学生の時に、ジョシュアはテレビでアシモを見ました。アシモは日本のロボットです。アシモは歩きました。走りました。話しました。ジョシュアは驚きました。

Joshua is an American high school student, he is 16 years old. His hobby is playing the guitar. When Joshua was in elementary school, he saw ASIMO on TV. ASIMO is a Japanese robot. Ashimo walked. He ran. He talked. Joshua was amazed.

ジョシュアはいつかアシモのようなロボットを作りたいです。彼は日本でロボットについて勉強したいです。だから彼は日本語の勉強を始めました。

Joshua would like to build a robot like ASIMO someday. He wants to study robotics in Japan. So he has started studying Japanese.

2

ジョシュアは毎日、日本語を勉強します。日本語にはひらがなとカタカナと漢字があります。

Joshua studies Japanese every day. There are hiragana, katakana, and kanji in Japanese.

ひらがなとカタカナはそれぞれ４６文字あります。外国から来た言葉はカタカナで書きます。漢字はたくさんあります。ジョシュアは漢字を少しだけ知っています。毎日、彼は漢字を勉強します。.

Hiragana and Katakana have 46 characters each. Words from foreign countries are written in katakana. There are many kanji. Joshua knows just a few kanji. Every day, he studies kanji.

ある日、ジョシュアは雑誌で言語交換アプリを知りました。彼は日本人の言語交換パートナーがほしいです。ジョシュアは言語交換アプリで日本人の高校生の自己紹介を読みました。

One day, Joshua read about a language exchange app in a magazine. He wants to find a Japanese language exchange partner. Joshua read a Japanese high school student's self-introduction on the language exchange app.

「僕の名前はあきらです。１６才です。高校生です。京都に住んでいます。高校を卒業した後、アメリカの大学で人工知能の研究をしたいです。だから、僕は英語を勉強しています。」

My name is Akira and I am 16 years old. I am a high school student. I live in Kyoto. After graduating from high school, I want to go to an American university to do research on artificial intelligence. That's why I'm studying English.

4

ジョシュアはあきらにメッセージを送りました。「あきらさ
ん、はじめまして。ジョシュアです。僕は高校生です。アメ
リカ人です。日本語を勉強しています」

Joshua sent a message to Akira. "Hi Akira, nice to meet you. I'm
Joshua. I'm a high school student. I'm an American. I'm studying
Japanese."

「ジョシュアさん、はじめまして。僕も高校生です。日本人
です。一緒に日本語と英語を勉強しましょう！」

Hi Joshua, nice to meet you. I'm also a high school student. I'm
Japanese. Let's study Japanese and English together!

二人は友達になりました。ジョシュアにとって、あきらはは
じめての日本人の友達です。あきらは英語が上手ではありま

せん。ジョシュアも日本語が上手ではありません。

The two of them became friends. Akira is Joshua's first Japanese friend. Akira is not very good at English. Joshua is also not very good at Japanese.

5

ある日、ジョシュアにメッセージが届きました。「ジョシュアさん、はじめまして。私の名前はゆめです。高校生です。東京に住んでいます。17才です。」

One day, Joshua received a message. "Hi Joshua, nice to meet you. My name is Yume. I'm a high school student. I live in Tokyo and I'm 17 years old."

「ゆめさん、はじめまして。僕は16才です。高校生です。カリフォルニアに住んでいます。」ジョシュアは返事をしました。

Hi Yume, nice to meet you. I'm 16 years old. I'm a high school student. I live in California. Joshua replied.

「ジョシュアさんはなぜ、日本語を勉強しているのですか」
ゆめが質問しました。

"Why are you studying Japanese," Yume asked.

6

「小学生の時、テレビでロボットのアシモを見ました。僕は
アシモが好きです。将来、僕は日本の大学でロボットづくり
を勉強したいです」ジョシュアは答えました。

When I was in elementary school, I saw a robot named Asimo
on TV. I like Asimo. In the future, I want to study robotics at a
Japanese university," Joshua answered.

「私も日本科学未来館でアシモを見たことがあります！アシ
モはサッカーをしていました！」ゆめは言いました。

"I once saw ASIMO at the National Museum of Emerging Sci-
ence and Innovation! ASIMO was playing soccer!" Yume said.

高校を卒業した後、ゆめはイギリスの大学で勉強したいです。
大学で言語学を勉強したいです。彼女は英語が上手です。

After graduating from high school, I would like to study at a British university. I want to study linguistics at university. She speaks English very well.

7

ジョシュアは春休みに、日本へ旅行します。はじめて日本に行きます。彼は大阪、京都、そして東京に行きます。

Joshua is going on a trip to Japan during the spring break. This is his first trip to Japan. He will go to Osaka, Kyoto, and Tokyo.

あきらは、言いました。「僕が大阪と京都を案内します。オープン・テクノロジー・センターに一緒に行こう」

Akira said, "I'll show you around Osaka and Kyoto. Let's go to the Open Technology Center together."

ゆめは言いました。「一緒に日本科学未来館にアシモを見に行きましょう」

Yume said, "Let's go to the National Museum of Emerging Science and Innovation" to see ASIMO together.

ジョシュアは京都で、あきらに会いたいです。
東京で、ゆめに会いたいです。
そして、彼はもちろんアシモに会いたいです。

Joshua wants to meet Akira in Kyoto.
He wants to meet Yume in Tokyo.
And of course, he wants to meet ASIMO.

ことばと表現 / Vocabulary & Expressions

1

高校生【こうこうせい】high school student

才【さい】age, year old

趣味【しゅみ】hobby

小学生【しょうがくせい】elementary school student

テレビ【てれび】television

見る【みる】to watch

日本【にほん】Japan

歩く【あるく】to walk

走る【はしる】to run

話す【はなす】to talk, to speak

驚く【おどろく】be surprised

のような【--】like

作る【つくる】to make

勉強する【べんきょうする】to study

日本語【にほんご】Japanese language

始める【はじめる】to begin

毎日【まいにち】everyday

文字【もじ】character

それぞれ【-】each, respectively

漢字【かんじ】kanji

外国【がいこく】abroad

言葉【ことば】word

来る【くる】to come

書く【かく】to write

たくさん【-】a lot of

少し【すこし】a little

だけ【--】only

彼【かれ】he

雑誌【ざっし】magazine

言語【げんご】language

交換【こうかん】exchange

アプリ【あぷり】app

知る【しる】to know

欲しい【ほしい】to want

自己【じこ】self

紹介【しょうかい】introduction

読む【よむ】to read

名前【なまえ】name

京都【きょうと】Kyoto

住む【すむ】to live

卒業する【そつぎょうする】to graduate

大学【だいがく】college, university

人工知能【じんこうちのう】artificial intelligence

英語【えいご】English

研究する【けんきゅうする】to research

4

送る【おくる】to send

はじめまして【--】nice to meet you

一緒に【いっしょに】together

友達になる【ともだちになる】to make friends

はじめて【-】first

上手【じょうず】be good at

5

届く【とどく】to reach

東京【とうきょう】Tokyo

返事をする【へんじをする】to reply

なぜ【-】why

質問する【-】to ask question

6

将来【しょうらい】future

日本科学未来館【にほん かがく みらいかん】National Museum of Emerging Science and Innovation

言語学【げんごがく】linguistics

7

春休み【はるやすみ】spring vacation

旅行する【りょこうする】to travel

案内する【あんないする】to guide

一緒に【いっしょに】together

会う【あう】to meet

もちろん【-】of course

ジョシュアの旅 Joshua's Journey without reading aids

1

ジョシュアはアメリカの高校生です。１６才です。趣味はギターです。小学生の時に、ジョシュアはテレビでアシモを見ました。アシモは日本のロボットです。アシモは歩きました。走りました。話しました。ジョシュアは驚きました。

ジョシュアはいつかアシモのようなロボットを作りたいです。日本でロボットについて勉強したいです。だから、彼は日本語の勉強を始めました。

ジョシュアは毎日、日本語を勉強します。

日本語にはひらがなとカタカナと漢字があります。

ひらがなとカタカナはそれぞれ４６文字あります。

外国から来た言葉はカタカナで書きます。

漢字はたくさんあります。

ジョシュアは漢字を少しだけ知っています。毎日、彼は漢字
を勉強します。

3

ある日、ジョシュアは雑誌で言語交換アプリを知りました。彼は日本人の
言語交換パートナーがほしいです。ジョシュアは言語交換アプリで日本
人の高校生の自己紹介を読みました。

「僕の名前はあきらです。１６才です。高校生です。京都に住んでいます。高校を卒業した後、アメリカの大学で人工知能の研究をしたいです。だから、僕は英語を勉強しています。」

4

ジョシュアはあきらにメッセージを送りました。
「あきらさん、はじめまして。ジョシュアです。僕は高校生です。アメリカ人です。日本語を勉強しています」

「ジョシュアさん、はじめまして。僕も高校生です。日本人です。一緒に日本語と英語を勉強しましょう！」

二人は友達になりました。ジョシュアにとって、あきらははじめての日本人の友達です。

あきらは英語が上手ではありません。ジョシュアも日本語が上手ではありません。

5

ある日、ジョシュアにメッセージが届きました。

「ジョシュアさん、はじめまして。私はゆめです。高校生です。東京に住んでいます。17才です。」

「ゆめさん、はじめまして。僕は16才です。高校生です。カリフォルニアに住んでいます。」

ジョシュアは返事をしました。

「ジョシュアさんはなぜ、日本語を勉強しているのですか」
ゆめが質問しました。

6

「小学生の時、テレビでロボットのアシモを見ました。僕は
アシモが好きです。将来、僕は日本の大学でロボットづくり
を勉強したいです」ジョシュアは答えました。

「私も日本科学未来館でアシモを見たことがあります！アシ
モはサッカーをしていました！」ゆめは言いました。

高校を卒業した後、ゆめはイギリスの大学で勉強したいです。
大学で言語学を勉強したいです。彼女は英語が上手です。

7

ジョシュアは春休みに、日本へ旅行します。はじめて日本に
行きます。
彼は大阪、京都、そして東京に行きます。
あきらは、言いました。
「僕が大阪と京都を案内します。オープン・テクノロジー・
センターに一緒に行こう」
ゆめは言いました。
「一緒に日本科学未来館にアシモを見に行きましょう」

ジョシュアは京都で、あきらに会いたいです。

東京で、ゆめに会いたいです。

そして、彼はもちろんアシモに会いたいです。

問題 / Questions

もんだい

1. ジョシュアは日本に住んでいる。

にほん

Joshua lives in Japan.

a. はい

b. いいえ

2. あきらは…

Akira is …..

a. 中学生
ちゅうがくせい

b. 高校生
こうこうせい

c. 大学生
だいがくせい

d. ロボット

3. ゆめが大学で勉強したいのは…
だいがく べんきょう

What does Yume want to study at university?

a. 英語
えいご

b. ロボット工学
こうがく

c. 言語学
げんごがく

d. 社会学
しゃかいがく

答え　/ Answers

1.　　b いいえ　false
2.　　b. 高校生　high school student
3.　　c. 言語学　linguistics

CHAPTER 3 命令より質問 Questions rather than Orders

私たちが人に行動してほしいとき、命令や指示をしがちです。その結果、人の体は動いているように見えても、心は動いていない可能性が高いです。本来は、体を動かすよりは心を動かすことのほうがより大切です。心が動けば、体はついていきます。人の心を動かしたい場合は、命令や指示よりも質問をしましょう。

思想家のデール・カーネギーは次のように言っています。

命令を質問の形に変えると、気持ちよく受け入れられるばかりか、相手に創造性を発揮させることもある。

わたし　　　　　ひと　こうどう　　　　　　　　　　　　　　　めいれい　し　じ
私たちが人に行動してほしいとき、命令や指示をしがちです。

When we want people to act, we tend to give them orders or instructions.

けっか　　　ひと　からだ　うご　　　　　　　　　　み　　　　　こころ　うご
その結果、人の体は動いているように見えても、心は動いて
かのうせい　たか　　　　　　　　　　　　ほんらい　　　からだ　うご　　　　　　こころ　うご
いない可能性が高いです。本来は、体を動かすよりは心を動
たいせつ　　　こころ　うご　　　　からだ
かすことのほうがより大切です。心が動けば、体はついてい
ひと　こころ　うご　　　　　ばあい　　　めいれい　し　じ　　　　しつもん
きます。人の心を動かしたい場合は、命令や指示よりも質問
をしましょう。

As a result, people's bodies may seem to be moving, but their minds are most likely not. By nature, it is more important to move the mind than to move the body. If the mind moves, the body will follow. If you want to move people's minds, ask questions rather than giving orders or instructions.

思想家のデール・カーネギーは次のように言っています。

Dale Carnegie, thinker, said the following.

命令を質問の形に変えると、気持ちよく受け入れられるばかりか、相手に創造性を発揮させることもある。

If you change an order into a question, you will not only get a better response, but you will also get the other person to be more creative.

ことばと表現 / Vocabulary & Expressions

私たち 【わたしたち】we

人 【ひと】person, other person

行動する 【こうどうする】 to act

命令 【めいれい】order

指示 【しじ】instruction

結果 【けっか】result

体 【からだ】body

動く 【うごく】 to move

大切 【たいせつ】important

心 【こころ】mind

ついてくる 【--】followed by

質問 【しつもん】question

思想家 【しそうか】thinker

形 【かたち】shape

変える 【かえる】to change

気持ちよく 【きもちよく】pleasantly

受け入れる 【うけいれる】to accept

相手 【あいて】partner, other person

創造性 【そうぞうせい】creativity

発揮する 【はっきする】show

命令よりも質問のほうが人は動く Questions rather than Orders without reading aids

私たちが人に行動してほしいとき、命令や指示をしがちです。その結果、人の体は動いているように見えても、心は動いていない可能性が高いです。本来は、体を動かすよりは心を動かすことのほうがより大切です。心が動けば、体はついていきます。人の心を動かしたい場合は、命令や指示よりも質問をしましょう。

思想家のデール・カーネギーは次のように言っています。

命令を質問の形に変えると、気持ちよく受け入れられるばかりか、相手に創造性を発揮させることもある。

問題 / Questions

1. 筆者は何を動かすことが大切だと言っていますか？

   What does the author say is important to move?

   a. 体

   b. 心

2. 人の心を動かしたい場合は、命令や指示よりも何をしたほうがいいと筆者は言っていますか。

   If you want to move people's hearts and minds, what does the author say is better to do than to give orders or instructions?

   a. 大切

   b. 想像

   c. 質問

   d. 発揮

答え　/ Answers

1.　　b.　心

2.　　c. 質問

CHAPTER 4 静かな公共交通機関 Quiet Public

Transportation System

日本を訪れたアメリカ人の友人の一人は、電車の中などの公共交通機関の中は静かすぎると言いました。また、彼女は「電車の中で通話はご遠慮ください」という車内放送に驚きました。ほかの国でそんな車内放送を聞いたことがないと彼女は言いました。

公共の場所では、ほかの人の迷惑にならないよう、大声を出したりしないことが日本では一つの社会的マナーです。電車の中で話をすること自体は問題ありません。ただ、まわりの人に配慮して、声の大きさを控えめに話す必要があります。電車の中での過ごし方は、人それぞれ違います。新聞、雑誌や本を読む人、居眠りをする人、ラップトップ・コンピュー

ターで仕事をする人などいろいろな人がいます。

私の家族について考えてみても、電車の中での過ごし方はずいぶん違います。娘は携帯電話を使うことが多いです。英語の勉強をしたり、友達にメッセージを送ったり、気になったことを調べたりしています。息子はマンガを読んでいることが多いです。妻は電車に乗るとたいてい眠ります。電車の振動がとても心地よく、いつも眠くなるそうです。

私にとって、電車の中は最も読書に集中できる空間です。席に座って、本を広げると、それ以外のことができないので読書に集中できます。長く電車に乗る必要があるときは、歴史長編小説を読むことが多いです。そうでないときは、ビジネスに関係した本やエッセイを読みます。

学生時代の通学時間、社会人になってからの通勤時間を通して、電車の中で読んだ本の数は数えきれません。

静かな公共交通機関 Quiet Public Transportation System with

English Translation

日本を訪れたアメリカ人の友人の一人は、電車の中などの公共交通機関の中は静かすぎると言いました。また、彼女は「電車の中で通話はご遠慮ください」という車内放送に驚きました。ほかの国でそんな車内放送を聞いたことがないと彼女は言いました。

One of my American friends who visited Japan said that the inside of trains and other public transportation systems are too quiet. She was also surprised to hear the announcement, "Please refrain from talking on the train. She said she had never heard such a broadcast in any other country.

公共の場所では、ほかの人の迷惑にならないよう、大声を出したりしないことが日本では一つの社会的マナーです。電車の中で話をすること自体は問題ありません。ただ、まわりの人に配慮して、声の大きさを控えめに話す必要があります。

In Japan, it is social etiquette to avoid shouting in public places so as not to bother other people. Talking on the train itself is not a problem. However, it is necessary to be considerate of the people around you and keep your voice down.

電車の中での過ごし方は、人それぞれ違います。新聞、雑誌や本を読む人、居眠りをする人、ラップトップ・コンピュー

ターで仕事をする人などいろいろな人がいます。

Everyone has a different way of spending their time on the train. Some people read newspapers, magazines, or books, some snooze, and some work on their laptop computers.

私の家族について考えてみても、電車の中での過ごし方はずいぶん違います。娘は携帯電話を使うことが多いです。英語の勉強をしたり、友達にメッセージを送ったり、気になったことを調べたりしています。息子はマンガを読んでいることが多いです。妻は電車に乗るとたいてい眠ります。電車の振動がとても心地よく、いつも眠くなるそうです。

Even when I think about my own family, the way we spend our time on the train is quite different. My daughter often uses a cell phone. He studies English, sends messages to his friends, and researches things that are on his mind. My son reads manga most of the time. My wife usually falls asleep when she gets on the train. She says that the vibration of the train is very comfortable and always makes her sleepy.

私にとって、電車の中は最も読書に集中できる空間です。席に座って、本を広げると、それ以外のことができないので読書に集中できます。長く電車に乗る必要があるときは、歴史長編小説を読むことが多いです。そうでないときは、ビジネスに関係した本やエッセイを読みます。

For me, the inside of a train is the best place to concentrate on reading. If you sit in a seat and spread out a book, you will be able to concentrate on reading because you will not be able to do anything else. If I have to take a long train ride, I tend to read long historical novels. Otherwise, I read books and essays related to business.

学生時代の通学時間、社会人になってからの通勤時間を通して、電車の中で読んだ本の数は数えきれません。

There are more books on the train than I can count during my commute to school as a student, and during my commute to work as a working adult.

ことばと表現 / Vocabulary & Expressions

訪れる 【おとずれる】to visit

アメリカ人 【あめりかじん】American

友人 【ゆうじん】 friend

電車 【でんしゃ】train

中 【なか】inside

公共交通機関 【こうきょう こうつうきかん】public transportation

静か 【しずか】quiet

彼女 【かのじょ】 she

通話 【つうわ】calling

遠慮 【えいりょ】

車内放送 【しゃないほうそう】In-train broadcast

驚く 【おどろく】to be surprised

ほかの 【--】other

国 【くに】country

公共 【こうきょう】public

迷惑になる 【めいわくになる】to be a nuisance

大声を出す 【おおごえをだす】to shout out

社会的マナー 【しゃかいてきまなー】social manner

自体 【じたい】itself

問題 【もんだい】problem

まわり　【--】Around

配慮する　【はいりょする】to consider

控えめに　【ひかえめに】modestly

必要がある　【ひつようがある】necessary

過ごし方　【すごしかた】how to spend time

それぞれ　【--】Each

違う　【ちがう】different

新聞　【しんぶん】newspaper

雑誌　【ざっし】magazine

本　【ほん】book

読む　【よむ】to read

居眠り　【いねむり】dozing

仕事　【しごと】work

いろいろな　【--】various

家族　【かぞく】family

ずいぶん　【--】very much

娘　【むすめ】daughter

携帯電話　【けいたいでんわ】cell phone

使う　【つかう】to use

勉強をする　【べんきょうをする】to study

息子　【むすこ】son

マンガ　【まんが】manga, comic book

妻　【つま】wife

乗る 【のる】to ride, to get on

たいてい 【--】most of the time

眠る 【ねむる】sleep

振動 【しんどう】vibrate

とても 【--】very

心地よい 【ここちよい】comfortable

いつも 【--】always

眠くなる 【ねむくなる】to get sleepy

読書 【どくしょ】reading

集中する 【しゅうちゅうする】to concentrate

長く 【ながく】long

歴史長編小説 【れきしちょうへんしょせつ】 long historical novel

関係する 【かんけいする】 to relate

エッセイ 【えっせい】essay

静かな公共交通機関 Quiet Public Transportation System

without reading aids

日本を訪れたアメリカ人の友人の一人は、電車の中などの公共交通機関の中は静かすぎると言いました。また、彼女は「電車の中で通話はご遠慮ください」という車内放送に驚きました。ほかの国でそんな車内放送を聞いたことがないと彼女は言いました。

公共の場所では、ほかの人の迷惑にならないよう、大声を出したりしないことが日本では一つの社会的マナーです。電車の中で話をすること自体は問題ありません。ただ、まわりの人に配慮して、声の大きさを控えめに話す必要があります。

電車の中での過ごし方は、人それぞれ違います。新聞、雑誌や本を読む人、居眠りをする人、ラップトップ・コンピューターで仕事をする人などいろいろな人がいます。

私の家族について考えてみても、電車の中での過ごし方はずいぶん違います。娘は携帯電話を使うことが多いです。英語の勉強をしたり、友達にメッセージを送ったり、気になったことを調べたりしています。息子はマンガを読んでいることが多いです。妻は電車に乗るとたいてい眠ります。電車の振動がとても心地よく、いつも眠くなるそうです。

私にとって、電車の中は最も読書に集中できる空間です。席に座って、本を広げると、それ以外のことができないので読書に集中できます。長く電車に乗る必要があるときは、歴史長編小説を読むことが多いです。そうでないときは、ビジネスに関係した本やエッセイを読みます。

学生時代の通学時間、社会人になってからの通勤時間を通して、電車の中で読んだ本の数は数えきれません。

問題 / Questions

1. 日本の交通機関で話をすることは禁じられています。

It is forbidden to talk on Japanese transportation.

a. はい

b. いいえ

2. 筆者の娘は電車で何をよくしますか。

What does the author's daughter often do on the train?

a. 居眠りをする

b. マンガを読む

c. 携帯電話を使う

d. 本を読む

3. 筆者は電車で何をよくしますか。

What does the author often do on the train?

a. 居眠りをする

b. マンガを読む

c. 携帯電話を使う

d. 本を読む

答え Answers

1.   b. いいえ false
2.   c. 携帯電話を使う   Using a cell phone
3.   d. 本を読む   Reading books

CHAPTER 5 「忙しい」と言いたくない don't want to say, "I'm busy."

私は「忙しい」という言葉をできるだけ使わないようにしています。

以前、私は一日に何度も「忙しい」と言っていました。そうしていると、私はなんだかとても忙しい気分になりました。でも、私はその気持ちが好きではありませんでした。

ある日、「私は本当に忙しいのだろうか」と自分に質問してみました。
すると、もう一人の自分が答えました。
「そんなことはない。忙しいという言葉が自分を忙しく感じさせている。もし、忙しいという言葉を繰り返し口にしなければ、余裕をもって、もっと多くのことをこなせるはずです！」

それから私は忙しいと言ったり書いたりするのをできるだけ
やめました。

すると仕事の効率や生産性が上がりました。残業することも
少なくなりました。私は心の平穏を感じられるようになった
のです。

だから、私は「忙しい」という言葉をできるだけ使わないの
です。

「忙しい」と言いたくない don't want to say, "I'm busy."

With English translation

私は「忙しい」という言葉をできるだけ使わないようにしています。

I try to use the word "busy" as little as possible.

以前、私は一日に何度も「忙しい」と言っていました。そうしていると、私はなんだかとても忙しい気分になりました。でも、私はその気持ちが好きではありませんでした。

In the past, I used to say "busy" many times a day. When I did that, I felt like I was very busy. But I didn't like that feeling.

ある日、「私は本当に忙しいのだろうか」と自分に質問してみました。

One day, I asked myself, "Am I really busy?

すると、もう一人の自分が答えました。

And my other self answered,

「そんなことはない。忙しいという言葉が自分を忙しく感じさせている。もし、忙しいという言葉を繰り返し口にしなければ、余裕をもって、もっと多くのことをこなせるはずです!」

No, you're not. The word "busy" makes me feel busy. If I didn't say the word "busy" over and over again, I would have more time to relax and get more done!

それから私は忙しいと言ったり書いたりするのをできるだけやめました。

From then on I stopped saying and writing the word busy as much as possible.

すると仕事の効率や生産性が上がりました。残業することも少なくなりました。私は心の平穏を感じられるようになったのです。

Then, my work efficiency and productivity increased. I didn't have to work overtime as often. I began to feel more at peace.

だから、私は「忙しい」という言葉をできるだけ使わないのです。

So I use the word "busy" as little as possible.

ことばと表現 / Vocabulary & Expressions

忙しい 【いそがしい】 busy

言葉 【ことば】 word

使う 【つかう】 to use

以前 【いぜん】 before

何度も 【なんども】 many times

なんだか somehow

繰り返し【くりかえし】 repeatedly

口にする 【くちにする】 to say

こなす 【--】 to do

効率【こうりつ】 efficiency

生産性 【せいさんせい】 productivity

残業 【ざんぎょう】 working overtime

平穏 【へいおん】 peaceful

「忙しい」と言いたくない don't want to say, "I'm busy."

without reading aids

私は「忙しい」という言葉をできるだけ使わないようにしています。

以前は以前、一日に何度も「忙しい」と言っていました。そうしていると、なんだかとても忙しい気分になりました。でも、私はその気持ちが好きではありませんでした。

ある日、「私は本当に忙しいのだろうか」と自分に質問してみました。
すると、もう一人の自分が答えました。
「そんなことはない。忙しいという言葉が自分を忙しく感じさせている。もし、"忙しいという言葉を繰り返し口にしなければ、余裕をもって、もっと多くのことをこなせるはずです！」

それから私は忙しいと言ったり書いたりするのをできるだけ
やめました。

そうしたら、仕事の効率や生産性が上がりました。残業する
ことも少なくなりました。私は心の平穏を感じられるように
なったのです。

だから、私は「忙しい」という言葉をできるだけ使いません。

問題 / Questions

1. 以前、筆者は一日に 10 回「忙しい」と言っていた。

The author used to say "busy" ten times a day.

a. はい

b. いいえ

2. 筆者は忙しい気分が好きだった。

The author liked the feeling of being busy.

a. はい

b. いいえ

3. 忙しいというのをやめた後、何が起こりましたか。

What happened after the author stopped saying he was busy?

a. 仕事がつまらなくなった

b. 仕事の生産性が下がった。

c. 残業することが少なくなった。

答え / Answers

1. b いいえ　false

2. b いいえ　false

3. c 残業することが少なくなった。

The author didn't have to work overtime as much anymore.

CHAPTER 6 ある動物園のできごと at the Zoo

ここは東京から車や電車で数時間の距離に位置する動物園です。天気が良く、今日も家族づれが何組か訪れています。一方で、その動物園の園長は、うかない顔をしていました。

なぜなら、動物園への来場者が毎年減っていたからです。特に、来場者の中に若者がほとんどいないことが心配でした。悩んでいても、いい解決策が浮かびません。そこで、ある日、園長は広告代理店で働いている友人に相談しました。数日後、その広告代理店のチームの一つが動物園を訪れました。一週間後、広告代理店のチームが再びやってきました。園長は会議室に動物園の職員を集めました。彼らの前で、広告代理店のメンバーは、動物園に若者を呼び込むためのアイデアを発表しました。

そのアイデアを聞いて、動物園の職員も実際にやってみたい、と言いました。まず、動物たちが遊ぶタイヤやボールに大き

なデニム生地を巻きました。それをライオンやトラ、クマなど動物たちに与えました。すると動物たちはいつもと変わらず、そうした遊具に爪を立てたり、噛んだりして遊びました。

すると、テレビやファッション誌などのメディアがこの取り組みに注目し、番組や記事の中で紹介しました。テレビのニュースキャスターは言いました。
「これから何が起こるのでしょうか？」

このニュースに関心を持った若者たちが、動物園に足を運びました。そして、デニム生地で遊ぶ動物の写真を撮影して、ソーシャル・メディアなどにそれを投稿し、さらに多くの人々をひきつけたのです。

その後、動物園の職員が遊具に巻かれたデニム生地は回収しました。次に、そのデニム生地を洗濯し、きれいにしました。その後、そのデニム生地はジーンズメーカーの工場で裁断、縫製され、魅力的なジーンズになりました。完成したジーンズはズー・ジーンズと名付けられました。このジーンズは動物園で数週間、展示され、再び、多くの人たちが動物園に押し寄せました。
展示が終わった後、それらのジーンズはオークションで販売されました。オークションの収益は動物たちの環境及び動物

園の環境整備を図るため、世界自然保護基金とその動物園に寄付されました。

このズー・ジーンズのプロジェクトをきっかけに再び動物園に若者が訪れるようになりました。園長は、動物園内で手をつないで歩いている若いカップルを見て満足そうにうなずきました。

ある動物園のできごと at the Zoo with English Translation

ここは東京から車や電車で数時間の距離に位置する動物園です。天気が良く、今日も家族づれが何組か訪れています。一方で、その動物園の園長は、うかない顔をしていました。

This is a zoo located a few hours by car or train from Tokyo. The weather is good, and there are several families visiting today. On the other hand, the director of the zoo had a gloomy look on his face.

なぜなら、動物園への来場者が毎年減っていたからです。特に、来場者の中に若者がほとんどいないことが心配でした。悩んでいても、いい解決策が浮かびません。

This was because the number of visitors to the zoo had been decreasing every year. He was especially worried about the fact that there were almost no young people among the visitors. Even though he was troubled, he could not come up with a good solution.

そこで、ある日、園長は広告代理店で働いている友人に相談しました。数日後、その広告代理店のチームの一つが動物園を訪れました。

So, one day, the director consulted a friend who worked at an advertising agency. A few days later, one of the advertising agency's team visited the zoo.

一週間後、広告代理店のチームが再びやってきました。園長は会議室に動物園の職員を集めました。彼らの前で、広告代理店のメンバーは、動物園に若者を呼び込むためのアイデアを発表しました。そのアイデアを聞いて、動物園の職員も実際にやってみたい、と言いました。

A week later, a team from an advertising agency arrived again. The director of the zoo gathered the zoo staff in a conference room. In front of them, the members of the advertising agency presented their ideas for attracting young people to the zoo. Hearing this idea, the staff at the zoo said they would like to try it.

まず動物たちが遊ぶタイヤやボールに大きなデニム生地を巻きました。それをライオンやトラ、クマなど動物たちに与えました。すると動物たちはいつもと変わらず、そうした遊具に爪を立てたり、噛んだりして遊びました。

First, they wrapped large pieces of denim fabric around tires and balls for the animals to play with. They then gave them to the lions, tigers, bears and other animals. The animals played on the equipment as usual, clawing and chewing on it.

すると、テレビやファッション誌などのメディアがこの取り組みに注目し、番組や記事の中で紹介しました。テレビのニュースキャスターは言いました。
「これから何が起こるのでしょうか？」

The media, including television and fashion magazines, took notice of this approach and introduced it in their programs and articles.
The TV newscaster said, "What's about to happen?"

このニュースに関心を持った若者たちが、動物園に足を運びました。そして、デニム生地で遊ぶ動物の写真を撮影して、ソーシャル・メディアなどにそれを投稿し、さらに多くの人々をひきつけたのです。

Young people who were interested in this news went to the zoo. They took pictures of animals playing with denim fabric and posted them on social media, attracting even more people.

その後、動物園の職員が遊具に巻かれたデニム生地は回収しました。次に、そのデニム生地を洗濯し、きれいにしました。その後、そのデニム生地はジーンズメーカーの工場で裁断、縫製され、魅力的なジーンズになりました。

Afterwards, the staff of the zoo collected the denim cloth wrapped around the playground equipment. Next, the denim fabric was washed and cleaned. After that, the denim fabric was cut and sewn at a jeans manufacturer's factory, and became attractive jeans.

完成したジーンズはズー・ジーンズと名付けられました。このジーンズは動物園で数週間、展示され、再び、多くの人たちが動物園に押し寄せました。展示が終わった後、それらのジーンズはオークションで販売されました。

The finished jeans were named "Zoo Jeans". The jeans were on display at the zoo for several weeks, and many people came to the zoo to see them again. After the exhibition was over, the jeans were sold at auction.

オークションの収益は動物たちの環境及び動物園の環境整備を図るため、世界自然保護基金とその動物園に寄付されました。このズー・ジーンズのプロジェクトをきっかけに再び動物園に若者が訪れるようになりました。

The proceeds from the auction were donated to the World Wildlife Fund and organizations that runs the zoo in order to improve the environment for animals and animal parks. This Zoo Jeans project has brought young people back to the zoo.

園長は、動物園内で手をつないで歩いている若いカップルを見て満足そうにうなずきました。

The director of the zoo nodded in satisfaction as he saw a young couple walking hand in hand in the zoo.

ことばと表現 / Vocabulary & Expressions

動物園 【どうぶつえん】　zoo

車 【くるま】　car

数時間 【すうじかん】　a few hours

距離 【きょり】　distance

家族 【かぞく】　family

一方で 【いっぽうで】　on the other hand

園長 【えんちょう】　Zoo Director

うかない 【--】　looking depressed

顔 【かお】　face

来場者 【らいじょうしゃ】　visitors

減る 【へる】　decrease

若者 【わかもの】　young people

心配 【しんぱい】　worry

悩む 【なやむ】　to be distressed

解決策 【かいけつさく】　solution

広告代理店 【こうこくだいりてん】　advertising agency

友人 【ゆうじん】　friend

相談する 【そうだんする】　to consult

再び【ふたたび】　again

会議室 【かいぎしつ】　meeting room

職員 【しょくば】　staff member

呼び込む 【よびこむ】 to invite

発表する 【はっぴょうする】 to announce

実際に 【じっさいに】 actually

生地 【きじ】 fabric

巻く 【まく】 to roll

ライオン 【らいおん】 lion

クマ 【くま】 bear

トラ 【とら】 tiger

与える 【あたえる】 to give

遊具 【ゆうぐ】 playground equipment

爪を立てる 【つめをたてる】 to claw

噛む 【かむ】 bite

遊ぶ 【あそぶ】 play

すると 【--】 then

取り組み 【とりくみ】 effort

注目する 【ちゅうもくする】 pay attention

番組 【ばんぐみ】 program

記事 【きじ】 article

紹介する 【しょうかいする】 to introduce

関心を持つ 【かんしんをもつ】 be interested in

足を運ぶ 【あしをはこぶ】 to visit

撮影する 【さつえいする】 to film

投稿する 【とうこうする】 to post

回収する　【かいしゅうする】　to collect

工場　【こうじょう】　factory

裁断する　【さいだんする】　to cut

縫製する　【ほうせいする】　to sew

魅力的な　【みりょくてきな】　attractive

完成する　【かんせいする】　to complete

押し寄せる　【おしよせる】　to close in

展示する　【てんじする】　to display

販売する　【はんばいする】　to sell

収益　【しゅうえき】　profit

寄付する　【きふする】　to donate

うなずく　【うなずく】　to nod

ある動物園のできごと at the Zoo without reading aids

ここは東京から車や電車で数時間の距離に位置する動物園です。天気が良く、今日も家族づれが何組か訪れています。一方で、その動物園の園長は、うかない顔をしていました。

なぜなら、動物園への来場者が毎年減っていたからです。特

に、来場者の中に若者がほとんどいないことを心配しでした。悩んでいても、いい解決策が浮かびません。そこで、ある日、園長は広告代理店で働いている友人に相談しました。

数日後、その広告代理店のチームの一つが動物園を訪れました。一週間後で、広告代理店のチームが再びやってきました。園長は会議室に動物園の職員を集めました。彼らの前で、広告代理店のメンバーは、動物園に若者を呼び込むためのアイ

デアを発表しました。

そのアイデアを聞いて、動物園の職員も実際にやってみたい、と言いました。まず、はじめに動物たちが遊ぶタイヤやボールに大きなデニム生地を巻きました。それをライオンやトラ、クマなど動物たちに与えました。すると動物たちはいつもと変わらず、そうした遊具に爪を立てたり、噛んだりして遊びました。

すると、テレビやファッション誌などのメディアがこの取り組みに注目し、番組や記事の中で紹介しました。テレビのニュースキャスターは言いました。

「これから何が起こるのでしょうか？」

　このニュースに関心を持った若者たちが、動物園に足を運び

ました。そして、デニム生地で遊ぶ動物の写真を撮影して、ソーシャル・メディアなどにそれを投稿し、さらに多くの人々をひきつけたのです。

　その後、動物園の職員が遊具に巻かれたデニム生地は回収しました。次に、そのデニム生地を洗濯し、きれいにしました。その後、そのデニム生地はジーンズメーカーの工場で裁断、縫製され、魅力的なジーンズになりました。完成したジーンズはズー・ジーンズと名付けられました。このジーンズは動物園で数週間、展示され、再び、多くの人たちが動物園に押し寄せました。

展示が終わった後、それらのジーンズはオークションで販売されました。オークションの収益は動物たちの環境及び動物園の環境整備を図るため、世界自然保護基金とその動物園に寄付されました。
このズー・ジーンズのプロジェクトをきっかけに再び動物園に若者が訪れるようになりました。園長は、動物園内で手をつないで歩いているカップルを見て満足そうにうなずきました。

問題 / Questions

1. この動物園は東京にある。

This zoo is located in Tokyo.

a. はい

b. いいえ

2. デニム生地を巻いたおもちゃで遊ばなかったのはどの動物ですか。

Which animal did not play with a toy wrapped in denim fabric?

a. クマ

b. ライオン

c. キリン

d. トラ

3. このプロジェクトの主な目的はなんでしたか。

What was the main objective of this project?

a. 動物たちに新しいおもちゃを与える

b. 動物園に若者を呼び込む

c. クマたちを人気者にする

答え / Answers

1.b　いいえ false

2.c　キリン　giraffe

3.b　動物園に若者を呼び込む

　　　to attract young people to the zoo

CHAPTER 7. 日本人が麺をすする理由 Why the

Japanese slurps Noodles

手軽においしく食べられることから、日本人だけでなく、日本を訪れる観光客にもラーメン、うどん、蕎麦などの麺類は人気があります。

こうした麺類を食べるとき、日本人の中ではすすって食べるのが普通です。

一方で、外国人にとっては麺類をすするという文化がないため、「マナー違反」「汚い食べ方」と感じる人が多いようです。

また、外国では料理を食べる時に「すする」という習慣があまりないため、そもそも「すすることができない」人も多いそうです。

日本では、麺を食べるときに音を出すのは無作法ではありません。

なぜ日本人は麺類をすすって食べるようになったのでしょうか。その理由には、さまざまな説があります。

たとえば、昔から麺類は庶民の食べ物で、屋台などで提供されていました。忙しい仕事の合間に屋台で麺類を立ったまま食べる場合も多かったようです。そうした人たちは、急いで食べる必要があり、それで音について気にする余裕がなかった。その習慣が一般に広まったという説です。

また、そばの香りを味と一緒に楽しむため、すするようになったという説もあります。音を立てるということは、麺と一緒に空気も吸うことになります。食べる時に空気を一緒に吸うことによって、鼻から香りが抜けて、より香りが広がって美味しく感じるわけです。

でも、麺をすすること自体はマナーではありません。私も麺をすすって食べなさい、という教育を受けた記憶はありません。あなたは無理に麺をすする必要はないので安心してください。

日本人が麺をすする理由 Why the Japanese slurp Noodles

with English Translation

手軽においしく食べられることから、日本人だけでなく、日本を訪れる観光客にもラーメン、うどん、蕎麦、などの麺類は人気があります。

Ramen, udon, soba, and other noodles are popular not only among Japanese people, but also among tourists visiting Japan, because they are easy to eat and delicious.

こうした麺類を食べるとき、日本人の中ではすすって食べるのが普通です。

When eating these noodles, it is normal among Japanese people to slurp them up.

一方で、外国人にとっては麺類をすするという文化がないため、「マナー違反」「汚い食べ方」と感じる人が多いようです。

On the other hand, since foreigners do not have the culture of slurping noodles, many people feel that it is a violation of etiquette and a dirty way to eat.

また、外国では料理を食べる時に「すする」という習慣があまりないため、そもそも「すすることができない」人も多いそうです。

In addition, many people in other countries do not have the custom of sipping their food when eating it, so many people are unable to do so.

日本では、麺を食べるときに音を出すのは無作法ではありません。
In Japan, it is not rude to make a sound when eating noodles.

なぜ日本人は麺類をすすって食べるようになったのでしょうか。その理由には、さまざまな説があります。

Why did Japanese people start slurping noodles? There are many theories as to why.

たとえば、昔から麺類は庶民の食べ物で、屋台などで提供されていました。忙しい仕事の合間に屋台で麺類を立ったまま食べる場合も多かったようです。そうした人たちは、急いで食べる必要があり、それで音について気にする余裕がなかった。その習慣が一般に広まったという説です。

For example, in the past, noodles have been a popular food for the common people, and were served at food stalls. There were many cases where people ate noodles standing up at stalls while they were busy working. These people needed to eat in a hurry and did not have time to worry about the sound of the food. It is said that this custom spread to the general public.

また、そばの香りを味と一緒に楽しむため、すするようになったという説もあります。音を立てるということは、麺と一緒に空気も吸うことになります。食べる時に空気を一緒に吸うことによって、鼻から香りが通り抜けて、より香りが広がって美味しく感じるわけです。

There is also a theory that people began to sip soba to enjoy its aroma along with its flavor. Making a sound means breathing in the air along with the noodles. By inhaling the air together with the noodles, the aroma will pass through your nose, spreading and making the food more delicious.

でも、麺をすすること自体はマナーではありません。私も麺をすすって食べなさい、という教育を受けた記憶はありません。あなたは無理に麺をすする必要はないので安心してくだ

さい。

However, slurping noodles is not a manner in itself. I don't remember being taught to slurp my noodles, either. There is no need for you to force yourself to slurp noodles, so please don't worry about it.

ことばと表現 / Vocabulary & Expressions

手軽に【てがるに】　quick and easy

観光客【かんこうきゃく】　tourist

蕎麦【そば】　soba, soba noodle

人気がある【にんきがある】　popular

すする【---】　slurp

普通【ふつう】　normal

一方で【いっぽうで】　on the other hand

外国人【がいこくじん】　foreigner

文化【ぶんか】　culture

マナー違反【まなーいはん】breach of manners

汚い【きたない】　messy, sloppy

感じる【かんじる】　feel

多い【おおい】　many

音を出す【おとをだす】　to make a sound

無作法【ぶさほう】　rude

理由【りゆう】　reason

説【せつ】　theory; opinion

昔から【むかしから】　from the past

庶民【しょみん】　common people

屋台【やたい】　food stall, food stand

提供する【ていきょうする】　to provide

合間【あいま】 in between

場合【ばあい】 case

気にする【きにする】to care

余裕がない 【よゆうがない】 can' t afford

習慣【しゅうかん】 habit

一気に【いっきに】 at once

広まる【ひろまる】 to spread

香り【かおり】 aroma

味【あじ】 taste

一緒に【いっしょに】 together

楽しむ【たのしむ】 to enjoy

音を立てる【おとをたてる】 to make a sound

空気【くうき】 air

鼻【はな】 nose

通り抜ける【とおりぬける】 to go through

広がる【ひろがる】 to spread out

自体【じたい】 itself

教育【きょういく】 education

無理に【むりに】 forcibly

安心する【あんしん】する to be/feel relieved

日本人が麺をすする理由 Why the Japanese slurp
Noodles without reading aids

手軽においしく食べられることから、日本人だけでなく、日本を訪れる観光客にもラーメン、うどん、蕎麦、などの麺類は人気があります。

こうした麺類を食べるとき、日本人の中ではすすって食べるのが普通です。

一方で、外国人にとっては麺類をすするという文化がないため、「マナー違反」「汚い食べ方」と感じる人が多いようです。

また、外国では料理を食べる時に「すする」という習慣があ

まりないため、そもそも「すすることができない」人も多いそうです。日本では、麺を食べるときに音を出すのは無作法ではありません。

なぜ日本人は麺類をすすって食べるようになったのでしょうか。その理由には、さまざまな説があります。

たとえば、昔から麺類は庶民の食べ物で、屋台などで提供されていました。忙しい仕事の合間に屋台で麺類を立ったまま食べる場合も多かったようです。そうした人たちは、急いで食べる必要があり、それで音について気にする余裕がなかった。その習慣が一般に広く広まったという説です。

また、そばの香りを味と一緒に楽しむため、すするようになったという説もあります。音を立てるということは、麺と一緒に空気も吸うことになります。食べる時に空気を一緒に吸うことによって、鼻から香りが抜けて、より香りが広がって美味しく感じるわけです。

でも、麺をすすること自体はマナーではありません。私も麺をすすって食べなさい、という教育を受けた記憶はありません。あなたは無理に麺をすする必要はないので安心してください。

問題 / Questions

<ruby>問題<rt>もんだい</rt></ruby> / Questions

1. <ruby>日本<rt>にほん</rt></ruby>で<ruby>麺<rt>めん</rt></ruby>を<ruby>食<rt>た</rt></ruby>べるときに<ruby>音<rt>おと</rt></ruby>を<ruby>出<rt>だ</rt></ruby>すのは<ruby>無作法<rt>ぶさほう</rt></ruby>です。

It is impolite to make noise when eating noodles in Japan.

a. はい

b. いいえ

2. <ruby>日本人<rt>にほんじん</rt></ruby>は<ruby>麺<rt>めん</rt></ruby>をすするよう<ruby>教育<rt>きょういく</rt></ruby>を<ruby>受<rt>う</rt></ruby>けます。

Japanese people are trained to slurp noodles.

a. はい

b. いいえ

3. <ruby>昔<rt>むかし</rt></ruby>、<ruby>麺類<rt>めんるい</rt></ruby>はどんな<ruby>人<rt>ひと</rt></ruby>たちが<ruby>主<rt>おも</rt></ruby>に<ruby>食<rt>た</rt></ruby>べていましたか。

What kind of people mainly ate noodles in the past?

a. <ruby>政治家<rt>せいじか</rt></ruby>

b. <ruby>外国人<rt>がいこくじん</rt></ruby>

c. <ruby>庶民<rt>しょみん</rt></ruby>

答え　/ Answers

1. b　いいえ false

2. b　いいえ false

3. c　庶民 common people

CHAPTER 8 空飛ぶ毛布 Flying Blanket

毛布が飛んだ。そして、消えた。

　出社するために、最寄り駅に向けて歩いていた時、スーツの胸ポケットの中の携帯電話が鳴った。
「家を出たときに、毛布を見なかった？」と妻が尋ねた。

「毛布……どういうことだい？　気づかなかったけれど」と僕は答えた。

「毛布がベランダから消えてしまったのよ」と再び妻が言った。その言葉を聞いて、我が家の毛布は羽ばたいて飛び立ったのだということを理解した。

確かに朝からひどく風の強い日だった。

我が家は9階建てのアパートの8階にある。高い位置にあるせいか、風で洗濯物が吹き飛ばされたのは初めてではない。ただ、これまで吹き飛ばされた小さな洗濯物は発見し回収してきた。

　しかしながら、今回の毛布は発見することができなかった。もちろん毛布は小さい物ではない。あの大きな毛布が空飛ぶ絨毯のように、8階のベランダからふわっと舞い上がって飛んでいく様子を想像するとなかなかおかしい。ぜひ、そのシュールな光景を見たかったものだ。

　毛布が風によって消失したことは所有物の損失ではあ

る。しかしながら、あの毛布が交通事故を引き起こさなくて不幸中の幸いだと妻と私は安堵したのだった。

　というのは我が家のベランダの真下には車の通りの多い道路が走っており、落ちてきた毛布が車の運転手の視界を遮って死亡事故でも起こったら笑い話ではすまなかっただろうから。

空飛ぶ毛布 Flying Blanket with English Translation

毛布が飛んだ。そして、消えた。

The blanket flew away. Then it disappeared.

　出社するために、最寄り駅に向けて歩いていた時、スーツの胸ポケットの中の携帯電話が鳴った。

　I was walking to the nearest train station to go to work when the cell phone in the breast pocket of my suit rang.

　「家を出たときに、毛布を見なかった？」と妻が尋ねた。
　「毛布……どういうことだい？　気づかなかったけれど」と僕は答えた。

110

「毛布がベランダから消えてしまったのよ」と妻が言った。その言葉を聞いて、我が家の毛布は羽ばたいて飛び立ったのだということを理解した。

"Did you see a blanket when you left the house?" My wife asked.
"What do you mean, blanket …?　I didn't notice it," I replied.
"The blanket has disappeared from the balcony," She said. Hearing her words, I understood that our blanket had flapped its wings and flown away.

確かに朝からひどく風の強い日だった。

It was indeed a very windy morning.

我が家は９階建てのアパートの８階にある。高い位置にあるせいか、風で洗濯物が吹き飛ばされたのは初めてではない。ただ、これまで吹き飛ばされた小さな洗濯物は発見し回収してきた。

Our house is on the eighth floor of a nine-story apartment building. Perhaps because of its high location, this is not the first time that the wind has blown our laundry away. But, we have found and collected small laundry that had been blown away.

しかしながら、今回の毛布は発見することができなかった。もちろん毛布は小さい物ではない。あの大きな毛布が空飛ぶ絨毯のように、８階のベランダからふわっと舞い上がって飛んでいく様子を想像するとなかなかおかしい。ぜひ、その

シュールな光景を見たかったものだ。

This time, however, we were unable to find the blanket. Of course, the blanket was not a small one. It is quite funny to imagine a large blanket flying up from the 8th floor balcony like a carpet in the sky. I would have loved to have seen this surreal scene.

毛布が風によって消失したことは所有物の損失ではある。しかしながら、あの毛布が交通事故を引き起こさなくて不幸中の幸いだと妻と私は安堵したのだった。

The fact that the blanket was lost to the wind was a loss of property. However, my wife and I were relieved that the blanket did not cause any traffic accidents.

というのは我が家のベランダの真下には車の通りの多い道路が走っており、落ちてきた毛布が車の運転手の視界を遮って死亡事故でも起こったら笑い話ではすまなかっただろうから。

This is because right under our balcony was a busy road, and if a falling blanket had blocked the view of the car driver and caused a fatal accident, it would not have been a funny story.

ことばと表現 / Vocabulary & Expressions

毛布【もうふ】 blanket

飛ぶ【とぶ】 to fly

消える【きえる】 to disappear

出社する【しゅっしゃする】 to go to work

最寄り駅【もよりえき】 nearest station

向けて【むけて】 for, toward

胸ポケット【むねぽけっと】 chest pocket

携帯電話【けいたいでんわ】 cell phone

妻【つま】 wife

尋ねる【たずねる】 to ask

気づく【きづく】 to notice

ベランダ【べらんだ】 veranda

羽ばたく【はばたく】 to fly away

飛び立つ【とびたつ】 to take off

理解する【りかいする】 to understand

確かに【たしかに】 certainly

ひどく【ひどく】 terribly

我が家【わがや】 my house

位置【いち】 position

洗濯物【せんたくもの】 laundry

吹き飛ぶ【ふきとぶ】 to blow away

発見する【はっけんする】 to find, to discover

回収する【かいしゅうする】 to collect

絨毯【じゅうたん】 carpet

舞い上がる【まいあがる】 to soar

様子【ようす】 state, how it looks

想像する【そうぞうする】 to imagine

おかしい【--】 funny

シュールな【しゅーるな】 surreal

光景【こうけい】 scene

消失【しょうしつ】 disappearing

損失【そんしつ】 to loss

交通事故【こうつうじこ】 traffic accident

引き起こす【ひきおこす】 to cause

不幸中の幸い【ふこうちゅうのさいわい】 fortunately in misfortune

安堵する【あんどする】 to be relieved

真下【ました】 right under

道路【どうろ】 road

運転手【うんてんしゅ】 driver

視界【しかい】 vision

遮る【さえぎる】 block

死亡事故【しぼうじこ】 fatal accident

笑い話では済まない【わらいばなしではすまない】 not a

laughing matter, to go [get] beyond a joke

空飛ぶ毛布 Flying Blanket without reading aids

毛布が飛んだ。そして、消えた。

出社するために、最寄り駅に向けて歩いていた時、スーツの
胸ポケットの中の携帯電話が鳴った。
「家を出たときに、毛布を見なかった？」と妻が尋ねた。

「毛布……どういうことだい？　気づかなかったけれど」と
僕は答えた。
「毛布がベランダから消えてしまったのよ」と再び奥さん。
その言葉を聞いて、我が家の毛布は羽ばたいて飛び立ったの
だということを理解した。
確かに朝からひどく風の強い日だった。

我が家は９階建てのアパートの８階にある。高い位置にある
せいか、風で洗濯物が吹き飛ばされたのは初めてではない。

ただ、これまで吹き飛ばされた小さな洗濯物は発見し回収してきた。

しかしながら、今回の毛布は発見することができなかった。もちろん毛布は小さい物ではない。あの大きな毛布が空飛ぶ絨毯のように、8階のベランダからふわっと舞い上がって飛んでいく様子を想像するとなかなかおかしい。ぜひ、そのシュールな光景を見たかったものだ。

毛布が風によって消失したことは所有物の損失ではある。しかしながら、あの毛布が交通事故を引き起こさなくて不幸中の幸いだと夫婦で安堵したのだった。

というのは我が家のベランダの真下には車の通りの多い道路が走っており、落ちてきた毛布が車の運転手の視界を遮って死亡事故でも起こったら笑い話ではすまなかっただろうから。

問題 / Questions

1. 主人公はどこに向けて歩いていましたか。

Where was the main character walking toward?

a. 家
b. 公園
c. 駅

2. 主人公のアパートは何階にありますか。

On what floor is the main character's apartment located?

a. 5 階
b. 8 階
c. 9 階

3. 主人公はどうして安堵しましたか。

Why was the main character relieved?

a. 嫌いな毛布が消えたから。
b. 毛布が飛んだことについて妻が不満を言わなかったから。
c. 交通事故が起きなかったから。

答え / Answers

1. c. 駅 station

2. b. 8 階 8th floor

3. c. 交通事故が起きなかったから。Because there was no traffic accident.

CHAPTER 9 日本人の働き方の変化 Changes in the

way Japanese people work

日本の会社では、長時間労働が当たり前、というイメージをあなたは持っているかもしれません。

しかしながら、2015年以降、日本の労働環境や日本人の仕事に対する価値観は大きく変わってきたと私は感じています。

それは、一つの悲しい事件がきっかけでした。日本の大手広告代理店で働いていた24歳の女性が、長時間労働やパワー・ハラスメントに苦しんだ末、2015年12月に会社の寮の4階から飛び降りて自殺したのです。当時の彼女の残業は月100時間を超え、一日2時間睡眠を強いられていたとい

うことです。

この事件がきっかけとなり、働き方をめぐって大きな議論が
起こりました。

特に残業に対する見方が大きく変わりました。以前は、残業
は会社への忠実性を示す貢献であり、受け入れるべきもの
という空気が組織や社会内に強くありました。しかし、この
事件を通して、残業さらに、長時間労働は過労死にもつなが
る私たちの健康や精神にとって危険なものという認識が広が
りました。

また、残業時間をめぐる上限が日本の法律の中で設定されて
いませんでした。そこで、新たに月 45 時間かつ年 360 時間
以内という残業時間の上限が設けられました。

また、満員電車に乗って悲壮な感じで会社に向かうサラリーマンの映像をあなたも見たことがあるかもしれません。家賃の安い郊外の家に住んでいるサラリーマンが、仕事のために都心のオフィスに通勤する、というのが以前はありふれた光景でした。

しかし、2020年に入って、新型コロナウィルスの感染拡大対策として、リモートワークが一気に広まりました。

満員電車に乗るサラリーマンが将来、絶滅危惧種として保護される日がいつか来るかもしれません。

日本人の働き方の変化 Changes in the way Japanese people work with English Translation

日本の会社では、長時間労働が当たり前、というイメージをあなたは持っているかもしれません。

You may be under the impression that long working hours are the norm at Japanese companies.

しかしながら、2015年以降、日本の労働環境や日本人の仕事に対する価値観は大きく変わってきたと私は感じています。

However, since 2015, I feel that Japan's work environment and Japanese people's sense of values toward work have changed drastically.

それは、一つの悲しい事件がきっかけでした。日本の大手

123

広告代理店で働いていた 24 歳の女性が、長時間労働やパワー・ハラスメントに苦しんだ末、2015 年 12 月に会社の寮の 4 階から飛び降りて自殺したのです。当時の彼女の残業は月 100 時間を超え、一日 2 時間睡眠を強いられていたということです。

It all started with a sad incident. In December 2015, a 24-year-old woman working for a major Japanese advertising agency, after suffering from long working hours and power harassment, committed suicide by jumping down from the fourth floor of her company dormitory in December 2015. At the time, she was working overtime for more than 100 hours a month and was forced to sleep for two hours a day.

この事件がきっかけとなり、働き方をめぐって大きな議論が起こりました。

This incident triggered a huge debate on how to work.

特に残業に対する見方が大きく変わりました。

In particular, the way we look at overtime work has changed dramatically.

以前は、残業は会社への忠実性を示す貢献であり、受け入れるべきものという空気が組織や社会内に強くありました。

In the past, there was a strong feeling within organizations and society that overtime work was a contribution that showed loyalty to the company and should be accepted.

しかし、この事件を通して、残業さらに、長時間労働は過労死にもつながる私たちの健康や精神にとって危険なものという認識が広がりました。

However, through this incident, there is a growing awareness that overtime and long working hours are dangerous to our health and mental health, as they can lead to death from overwork.

また、残業時間をめぐる上限が日本の法律の中で設定されていませんでした。そこで、新たに月 45 時間かつ年 360 時間以内という残業時間の上限が設けられました。

In addition, the upper limit on overtime hours had not been set in Japanese law. Therefore, a new upper limit of 45 hours per month and no more than 360 hours per year has been set for overtime work.

また、満員電車に乗って悲壮な感じで会社に向かうサラリ

マンの映像をあなたも見たことがあるかもしれません。家賃の安い郊外の家に住んでいるサラリーマンが、仕事のために都心のオフィスに通勤する、というのが以前はありふれた光景でした。

You may have also seen the image of a businessman getting on a crowded train to his office with a tragic look on his face. It used to be a common sight to see office workers living in cheap suburban houses commuting to their offices in the city center for work.

しかし、2020年に入って、新型コロナウィルスの感染拡大対策として、リモートワークが一気に広まりました。

However, as we enter the year 2020, remote work has spread rapidly as a countermeasure against the spread of a new type of corona virus.

満員電車に乗るサラリーマンが将来、絶滅危惧種として保護される日がいつか来るかもしれません。

In the future, salarymen riding crowded trains may one day be protected as an endangered species.

ことばと表現 / Vocabulary & Expressions

長時間労働【ちょうじかんろうどう】　long working hours

当たり前【あたりまえ】　natural

労働環境【ろうどうかんきょう】　working environment

価値観【かちかん】　values

残業【ざんぎょう】　overtime work

見方【みかた】　way of Seeing

に対する【にたいする】　against

以前【いぜん】　before

忠実性【ちゅうじつせい】　loyalty

貢献【こうけん】　contribution

受け入れる【うけいれる】　to accept

べき【--】　should

空気【くうき】　air

社会【しゃかい】　society

組織【そしき】　organization

強い【つよい】　strong

事件【じけん】　incident

過労死【かろうし】　Death by Overwork

健康【けんこう】　health

精神【せいしん】　mental

危険【きけん】　danger

認識【にんしき】 recognition

上限【じょうげん】 upper limit

法律【ほうりつ】 law

設定【せってい】 setting

新たに【あらたに】 newly

以内【いない】 within

満員電車【まんいんでんしゃ】 crowded train

悲壮【ひそう】 tragedy

映像【えいぞう】

家賃【やちん】 rent

安い【やすい】 cheap

郊外【こうがい】 suburb

都心【としん】 city center

通勤する【つうきんする】 to commute

ありふれた【--】 commonplace

新型コロナウィルス【しんがたころなうぃるす】 new corona virus

感染【かんせん】 infection

拡大【かくだい】 spread

対策【たいさく】 countermeasure

一気に【いっきに】 all at once

広まる【ひろまる】 spread

将来【しょうらい】 future

絶滅危惧種【ぜつめつきぐしゅ】　endangered species

として【---】　as

保護する【ほごする】　to protect

いつか【--】　someday

日本人の働き方の変化 Changes in the way Japanese people

work without reading aids

日本の会社では、長時間労働が当たり前、というイメージを
あなたは持っているかもしれません。

　しかしながら、2015 年以降、日本の労働環境や日本人の仕
事に対する価値観は大きく変わってきたと私は感じています。

それは、一つの悲しい事件がきっかけでした。

日本の大手広告代理店で働いていた 24 歳の女性が、長時間
労働やパワー・ハラスメントに苦しんだ末、2015 年 12 月
に会社の寮の 4 階から飛び降りて自殺したのです。当時の彼
女の残業は月 100 時間を超え、一日 2 時間睡眠を強いられて
いたということです。

この事件がきっかけとなり、働き方をめぐって大きな議論が起こりました。

特に残業に対する見方が大きく変わりました。以前は、残業は会社への忠実性を示す貢献であり、受け入れるべきものという空気が組織や社会内に強くありました。

しかし、この事件を通して、残業さらに、長時間労働は過労死にもつながる私たちの健康や精神にとって危険なものという認識が広がりました。

また、残業時間をめぐる上限が日本の法律の中で設定されていませんでした。そこで、新たに月45時間かつ年360時間以内という残業時間の上限が設けられました。

また、満員電車に乗って悲壮な感じで会社に向かうサラリーマンの映像をあなたも見たことがあるかもしれません。

家賃の安い郊外の家に住んでいるサラリーマンが、仕事のために都心のオフィスに通勤する、というのが以前はありふれた光景でした。

しかし、2020年に入って、新型コロナウィルスの感染拡大対策として、リモートワークが一気に広まりました。

満員電車に乗るサラリーマンが将来、絶滅危惧種として保護される日がいつか来るかもしれません。

1.2015年以降も日本人の仕事に対する価値観は変わっていない。

Japanese people's sense of value toward work has not changed since 2015.

a. はい

b. いいえ

2. 2015年、女性が自殺してから残業時間の上限が設けられた。

In 2015, after a woman committed suicide, a cap on overtime hours was put in place.

a. はい

b. いいえ

3. 2020年以降、日本に広がったのは何か。

What is it that has spread to Japan after 2020?

a. 満員電車

b. 残業

c. リモートワーク

答え　/ Answers

1. b. いいえ　false

2. a. はい　true

3. c. リモートワーク remote work

CHAPTER 10 部屋と心の整理 Organize Space and Mind

明美は 25 歳です。出身は北海道で、3 年前から東京で日本語教師をしています。外国出身の生徒たちに日本語を教える経験も積み、教師としての自信がついてきたと明美は感じています。

一方で、日本語学校と自分のアパートとの往復で、時が飛ぶように過ぎていきます。ここ最近は、生活の単調さに焦りのようなものをも感じています。何か変化が必要だ、明美はそんな風に感じていました。

そんな、ある日、彼女は部屋を整理することを決めました。それは、ある女性ミニマリストが書いた本を読んだことが

きっかけでした。

所有するのは、あなたが本当に必要なもの、もしくは好きなものだけにしましょう。
すると、あなたが必要なもの、興味があるもの、好きなものがよりはっきりとします。それにより、本当に大切で好きなことに時間やお金をあなたは使えるようになります。その結果、より自分らしく豊かな生活をあなたは送れるようになるのです。

どこから手をつけよう？明美は自問しました。

明美はあらためて自分の部屋の中を眺めました。彼女の趣味は読書です。小さな本棚に収まらなくなった本が床にも置いてあります。

まず、明美は必要な本と必要でない本を分類しました。次に、必要のない本を売れそうなものと、売れそうにないものに分類しました。

その作業を終えようとした時に、ある本の間から一通の手紙が見つかりました。

その手紙は、彼女が初めて担当した日本語クラスの生徒、スウェーデン出身のサブリナからのものでした。

明美先生

私は日本語を話すのが苦手でした。先生の授業は、グループ・ワークやロール・プレイなどを通して会話を練習する機会がたくさんありました。はじめは大変でしたが、だんだん

日本語で話すことに私は自信を持てるようになりました。おかげで、私はたくさんの日本人の友達がいます。最近、やさしい日本人のボーイフレンドもできました！先生にはとても感謝しています。日本語を教えてくれてありがとうございました。来月、私はスウェーデンに帰りますが、日本語をもっと勉強するつもりです。

サブリナより

手紙を読んで、明美は日本語教師としての一年目のことを思い出しました。日本語教師になれたことがとてもうれしかったこと。毎日、授業の準備が大変だったこと。それでも、生徒たちの日本語が上達する姿を見て、大きなやりがいを感じたこと。この手紙を読んで、明美は日本語の授業をこれからももっと生徒の役に立つものにしていこうと決めました。

翌日、明美は一部の売れる本は古本屋に売り、売れない本を処分しました。おかげで、部屋の中が整理されてきれいになりました。

それだけでなく、明美は自分の心も整理されてすっきりした気分になりました。

部屋と心の整理 Organize Space and Mind with English

Translation

明美は25歳です。出身は北海道で、3年前から東京で日本語教師をしています。外国出身の生徒たちに日本語を教える経験も積み、教師としての自信がついてきたと明美は感じています。

Akemi is 25 years old. She is from Hokkaido, and has been working as a Japanese teacher in Tokyo for the past three years. She has gained experience in teaching Japanese to students from other countries and feels that she is becoming more confident as a teacher.

一方で、日本語学校と自分のアパートとの往復で、時が飛ぶように過ぎていきます。ここ最近は、生活の単調さに焦りの

141

ようなものをも感じています。何か変化が必要だ、明美はそんな風に感じていました。

On the other hand, time seems to fly by as she goes back and forth between the Japanese language school and her apartment. Recently, she has been feeling a sense of impatience with the monotony of her life. Akemi felt that something needed to change.

そんな、ある日、彼女は部屋を整理することを決めました。それは、ある女性ミニマリストが書いた本を読んだことがきっかけでした。

Then, one day, she decided to organize her room. The reason for this was because she read a book written by a female minimalist.

あなたが本当に必要なもの、もしくは好きなものだけ所有するべきです。
すると、あなたが必要なもの、興味があるもの、好きなものがよりはっきりとします。それにより、本当に大切で好きなことに時間やお金をあなたは使えるようになります。その結果、より自分らしく豊かな生活をあなたは送れるようになるのです。

You should only own things that you really need or like. This will give you a clearer picture of what you need, what you are interested in, and what you like. As a result, you will be able to spend your time and money on the things that are really important to you and that you like. As a result, you will be able to lead a more fulfilling life that is more like your own.

「どこから手をつけよう？」明美は自問しました。

Where should I start? Akemi asked herself.

明美はあらためて自分の部屋の中を眺めました。彼女の趣味は読書です。小さな本棚に収まらなくなった本が床にも置いてあります。

Akemi took another look at the inside of her room. Her hobby is reading books. The books that no longer fit on the small bookshelf were also placed on the floor.

まず、明美は必要な本と必要でない本を分類しました。次に必要のない本を売れそうなものと、売れそうにないものに分類しました。

First, Akemi classified the books into those that were necessary and those that were not necessary. Next, she classified the books that were likely to be sold and those that were not likely to be sol

その作業を終えようとした時に、ある本の間から一通の手紙が見つかりました。

As she was finishing up her work, she found a letter in between a book.

その手紙は、彼女が初めて担当した日本語クラスの生徒、スウェーデン出身のサブリナからのものでした。

The letter was from Sabrina from Sweden, a student in her first Japanese class.

明美先生

私は日本語を話すのが苦手でした。先生の授業は、グループ・ワークやロール・プレイなどを通して会話を練習する機会がたくさんありました。はじめは大変でしたが、だんだん日本語で話すことに私は自信を持てるようになりました。おかげで、私はたくさんの日本人の友達がいます。最近、やさ

しい日本人のボーイフレンドもできました！先生にはとても感謝しています。日本語を教えてくれてありがとうございました。来月、私はスウェーデンに帰りますが、日本語をもっと勉強するつもりです。

サブリナより

Teacher Akemi ,
I was not very good at speaking Japanese. In your classes, I had many opportunities to practice conversation through group work and role plays. It was hard at first, but I gradually gained confidence in speaking in Japanese. Thanks to this, I have a lot of Japanese friends. Recently, I also got a kind Japanese boyfriend! I am very grateful to you, my teacher. Thank you very much for teaching me Japanese. Next month, I will go back to Sweden, but I plan to study Japanese more.
Sabrina

手紙を読んで、明美は日本語教師としての一年目のことを思い出しました。日本語教師になれたことがとてもうれしかったこと。毎日、授業の準備が大変だったこと。それでも、生徒たちの日本語が上達する姿を見て、大きなやりがいを感じたこと。この手紙を読んで、明美は日本語の授業をこれからももっと生徒の役に立つものにしていこうと決めました。

As Akemi read the letter, she thought about her first year as a Japanese teacher. she was very happy to become a Japanese language teacher. On the other hand, it was hard to prepare for class every day. Even so, she felt a great sense of fulfillment when she saw how the students' Japanese improved. After reading this letter, Akemi decided to make her Japanese classes even more useful for her students in the future.

翌日、明美は一部の売れる本は古本屋に売り、売れない本を処分しました。おかげで、部屋の中が整理されてきれいになりました。

The next day, Akemi sold some of the books to a used book store and disposed of the books she couldn't sell. Thanks to these efforts, the inside of my room is now clean and tidy.

それだけでなく、明美は自分の心も整理されてすっきりした気分になりました。

Not only that, Akemi also felt refreshed and her mind was cleared.

ことばと表現 / Vocabulary & Expressions

出身【しゅっしん】 native, birthplace

教師【きょうし】 teacher

外国【がいこく】 natural

生徒【せいと】 student

経験【けいけん】 experience

自信【じしん】 self-confidence

過ぎる【すぎる】 to pass

飛ぶ【とぶ】 to fly

ように【--】 like

単調さ【たんちょうさ】 monotonous

焦り【あせり】 impatience

決める【きめる】 to decide

少し【すこし】 A little

具体的に【ぐたいてきに】 concretely, specifically

生活【せいかつ】 life

環境【かんきょう】 environment

きっかけ【-】 event that led to

所有する【しょゆうする】 to own

本当に【ほんとうに】 really

必要な【ひつような】 necessary

興味がある【きょうみがある】 interested

はっきりとする【--】 clarifying

大切な【たいせつな】 important

時間【じかん】 time

使う【つかう】 to use

自分らしく【じぶんらしく】 being oneself

豊かな【ゆたかな】 enrich

送る【おくる】 to spend

手をつける【てをつける】 to start

あらためて【--】again

眺める【ながめる】to look

本棚【ほんだな】bookshelf

床【ゆか】floor

売る【うる】to sell

作業【さぎょう】task

間【あいだ】between

手紙【てがみ】letter

担当する【たんとうする】in charge

苦手【にがて】not good at

受業【じゅぎょう】class

練習する【れんしゅうする】to practice

幾会【きかい】opportunity

感謝する【かんしゃする】to appreciate

準備【じゅんび】preparation

上達する【じょうたつする】to improve

姿【すがた】appearance

やりがい【--】rewarding

役に立つ【やくにたつ】helpful

一部【いちぶ】part

古本屋【ふるほんや】used bookstore

処分する【しょぶんする】to do away with

おかげで【--】thanks to

整理する【せいりする】to sort out

すっきりした気分【すっきりしたきぶん】feeling refreshed

部屋と心の整理 Organize Space and Mind without reading aids

明美は 25 歳です。出身は北海道で、3 年前から東京で日本語教師をしています。外国出身の生徒たちに日本語を教える経験も積み、教師としての自信がついてきたと明美は感じています。

一方で、日本語学校と自分のアパートとの往復で、時が飛ぶように過ぎていきます。ここ最近は、生活の単調さに焦りのようなものをも感じています。

何か変化が必要だ、明美はそんな風に感じていました。

そんな、ある日、彼女はシンプルに生きることを決めました。

少し具体的に言うと、自分の生活環境をシンプルにすること
を決めたのです。
それは、ある女性ミニマリストが書いた本を読んだことが
きっかけでした。

所有するのは、あなたが本当に必要なもの、もしくは好きな
ものだけにしましょう。すると、あなたが必要なもの、興味
があるもの、好きなものがよりはっきりとします。
それにより、本当に大切で好きなことに時間やお金をあなた
は使えるようになります。その結果、より自分らしく豊かな
生活をあなたは送れるようになるのです。

どこから手をつけよう？彼女は自問しました。

明美はあらためて自分の部屋の中を眺めました。彼女の趣味
は読書です。小さな本棚に収まらなくなった本が床にも置い

てあります。

まず、明美は必要な本と必要でない本を分類しました。次に、必要のない本の中を売れそうなものと、売れそうにないものに分類しました。その作業を終えようとした時に、ある本の間から一通の手紙が見つかりました。

その手紙は、彼女が初めて担当した日本語クラスの生徒、スウェーデン出身のサブリナからのものでした。

明美先生

私は日本語を話すのが苦手でした。先生の授業は、ロール・プレイなどを通して会話を練習する機会がたくさんありました。はじめは大変でしたが、だんだん日本語で話すことに私は自信を持てるようになりました。おかげで、私はたくさ

んの日本人の友達がいます。最近、やさしい日本人のボーイフレンドもできました！先生にはとても感謝しています。日本語を教えてくれてありがとうございました。来月、私はスウェーデンに帰りますが、日本語をもっと勉強するつもりです。

サブリナより

手紙を読んで、明美は日本語教師としての一年目のことを思い出しました。日本語教師になれたことがとてもうれしかったこと。毎日、授業の準備が大変だったこと。それでも、生徒たちの日本語が上達する姿を見て、大きなやりがいを感じたこと。

この手紙を読んで、明美は日本語の授業をこれからももっと生徒の役に立つものにしていこうと決めました。

翌日、明美は一部の売れる本は古本屋に売り、売れない本を処分しました。おかげで、部屋の中が整理されてきれいになりました。

それだけでなく、明美は自分の心も整理されてすっきりした気分になりました。

問題 / Questions

1. 明美の出身はどこですか。

Where is Akemi from?

a. 東京

b. 北海道

c. スウェーデン

2. 明美の部屋にたくさんあったものは何か。

What were the many things in Akemi's room?

a. お金

b. 手紙

c. 本

3. サブリナは明美に対してどう思っていますか。

How does Sabrina feel about Akemi?

a. 怒っている

b. やさしい

c. 感謝している。

答え / Answers

1. b. 北海道 Hokkaido
2. c. 本 books
3. c. 感謝している。 She is grateful to Akemi.

CHAPTER 11 ハノイでの宝探しゲーム Treasure

Hunting in Hanoi

2016年5月、42歳の日本人、ノボルはベトナムのハノイに5日間の旅行をしました。

空港からタクシーに乗ってハノイ市内に入ると道路はバイクだらけになりました。道路はまるでバイクが流れる川のようだとノボルは思いました。

旅行の期間、ノボルは友人のサトシのアパートに泊めてもらいました。当時、サトシはハノイのIT企業でエンジニアとして働いていました。

週末、ノボルはサトシとハノイ以外の地域も含め、あちこち

観光を楽しみました。平日、サトシが仕事をしている間、ノボルはサトシのバイクを借りました。ノボルは現地のベトナム人と同じようにバイクでハノイを移動することを大いに楽しみました。

ある朝、娘へのお土産として、地元の店でスタンプを作りたいと思い、ノボルはバイクに乗ってハノイ市内のスタンプ屋を目指しました。その店の近くまで来たと思ったので、バイクを歩道に駐車して、スタンプ屋に向かいました。しかし思っていたより、そのスタンプ屋までは距離があり、道も複雑でした。

無事、スタンプを注文できたので、バイクを駐車したと思った場所にノボルは戻りました。

しかしながら、サトシから借りたバイクを見つけることができませんでした。ノボルは周辺のブロックも探しました。どのブロックにも黒もしくは赤の100台以上のバイクが並んでいました。

サトシのバイクのナンバー・プレートの写真を携帯電話で撮影していたので、それを頼りにバイクを一台一台確認していきました。

東京と比較して、気温は高く、ひどく蒸し暑い中、ノボルは頭がぼおっとなってきました。1時間半が経過してもサトシのバイクを見つけることができず、冷静に考える力を自分が失っていることに彼は気がつきました。

そこで、ノボルは喫茶店で一休みしようと思いました。喫茶店はいくつかありましたが、どの店にも冷房がありませんでした。ノボルは冷房がある空間で体を休め、体力を回復する必要があると感じていました。

そうした中、一軒のホテルを見つけました。ホテルの1階は冷房が効いていました。ホテルの中にノボルが入ると、誰かがベトナム語で彼に叫びました。その声の主は、入り口近くの椅子に座っている男でした。彼はホテルの門衛のようでした。ノボルは英語でその門衛に説明しようとしましたが、彼は英語を理解しませんでした。

幸いなことに、ノボルは英語を話せる女性のホテル従業員を見つけました。そして、自分の置かれている状況を説明し、しばらく休むことを許してくれるように彼女に頼みました。すると、彼女は少し迷った後で許可してくれました。彼女は、"You have 15 minutes." と言いました。

ノボルはホテルのロビーのソファに座りました。冷たい空気のおかげで、作戦を考えるためのエネルギーが湧いてきました。携帯電話で、グーグル・マップをもう一度確認した後、ノートを開き、ペンを持ち、通りの名前入りの簡単な地図を描きました。

同じ道を行ったり来たりしている可能性がありました。そこで地図に書かれた通りを一つ一つ確認していくことにしました。そう、単純な消去法を実行することにしたのです。15分休憩できたおかげで、混乱した頭の中が整理でき、体力も少し回復することができました。

鞄に入っていた飴をホテルの女性従業員と門衛にいくつか渡してお礼を言った後、ノボルはホテルを出て、再びバイクを探し始めました。1時間以上かかりましたが、ついにノボルはサトシの赤いYAMAHAのバイクを発見しました。ノボルは心の底から、この発見を喜び、安心しました。

まだ午後3時でしたが、他の場所を訪れる気力も体力もありませんでした。ノボルは冷房の効いている場所を求めて、サトシの会社近くのデパートまでバイクで移動しました。デパートの中で休憩用ソファを見つけて、そこに座って何もせずに休みました。ノボルは自分が熱射病になっていることに気づきました。

その後、サトシのアパートに戻ってからも、横になってノボルは休んでいました。はじめは、体調がひどく悪く、気分がわるかったものの、少しずつ体力が回復しているのをノボルは感じました。サトシが仕事を終え帰宅した後、近所のベ

ナム料理屋に二人は一緒に夕食のために出かけました。

その日、ノボルは朝食以来、何も食べていませんでしたが、食欲を感じていませんでした。しかし、その料理屋には幸いなことにノボルにとって理想的な食べ物がありました。それはフォーでした。

ベトナムの麺料理で、米から作られていて、あっさりしています。全部は食べられませんでしたが、ノボルはフォーを美味しいと感じることができました。

そこで、ノボルは思いがけなくすることになった宝探しゲームとその苦労についてサトシに詳しく話し、二人で一緒にたくさん笑いしました。

ハノイでの<ruby>宝探<rt>たからさが</rt></ruby>しゲーム Treasure Hunting in Hanoi
with English Translation

2016<ruby>年<rt>ねん</rt></ruby>5<ruby>月<rt>がつ</rt></ruby>、42<ruby>歳<rt>さい</rt></ruby>の<ruby>日本人<rt>にほんじん</rt></ruby>、ノボルはベトナムのハノイに5<ruby>日間<rt>かかん</rt></ruby>の<ruby>旅行<rt>りょこう</rt></ruby>をしました。

In May 2016, Noboru, a 42-year-old Japanese, took a five-day trip to Hanoi, Vietnam.

<ruby>空港<rt>くうこう</rt></ruby>からタクシーに<ruby>乗<rt>の</rt></ruby>ってハノイ<ruby>市内<rt>しない</rt></ruby>に<ruby>入<rt>はい</rt></ruby>ると<ruby>道路<rt>どうろ</rt></ruby>はバイクだらけになりました。<ruby>道路<rt>どうろ</rt></ruby>はまるでバイクが<ruby>流<rt>なが</rt></ruby>れる<ruby>川<rt>かわ</rt></ruby>のようだとノボルは<ruby>思<rt>おも</rt></ruby>いました。

When he took a taxi from the airport into Hanoi, the roads were filled with motorcycles. Noboru thought that the road was like a river flowing with motorcycles.

<ruby>旅行<rt>りょこう</rt></ruby>の<ruby>期間<rt>きかん</rt></ruby>、ノボルは<ruby>友人<rt>ゆうじん</rt></ruby>のサトシのアパートに<ruby>泊<rt>と</rt></ruby>めてもらいました。<ruby>当時<rt>とうじ</rt></ruby>、サトシはハノイのIT<ruby>企業<rt>きぎょう</rt></ruby>でエンジニアとして<ruby>働<rt>はたら</rt></ruby>いていました。

During the trip, Noboru stayed at his friend Satoshi's apartment. At the time, Satoshi was working as an engineer at an IT company in Hanoi.

週末、ノボルはサトシとハノイ以外の地域も含め、あちこち観光を楽しみました。平日、サトシが仕事をしている間、ノボルはサトシのバイクを借りました。ノボルは現地のベトナム人と同じようにバイクでハノイを移動することを大いに楽しみました。

On weekends, Noboru and Satoshi enjoyed sightseeing in many places, including areas outside of Hanoi. On weekdays, while Satoshi was at work, Noboru borrowed Satoshi's motorcycle. Noboru enjoyed riding around Hanoi on his motorcycle as much as the local Vietnamese people.

ある朝、娘へのお土産として、地元の店でスタンプを作りたいと思い、ノボルはバイクに乗ってハノイ市内のスタンプ屋を目指しました。その店の近くまで来たと思ったので、バイクを歩道に駐車して、スタンプ屋に向かいました。しかし思っていたより、そのスタンプ屋までは距離があり、道も複雑でした。

One morning, Noboru wanted to make a stamp as a souvenir for his daughter at a local store, so he got on his motorcycle and headed for a stamp shop in Hanoi. He thought he was close to the store, so he parked his bike on the sidewalk and headed for the stamp shop. However, the distance to the stamp shop was longer than I had expected, and the roads were more complicated.

無事、スタンプを注文できたので、バイクを駐車したと思った場所にノボルは戻りました。

Having successfully ordered the stamp, Noboru returned to the place where he thought he had parked the bike.

しかしながら、サトシから借りたバイクを見つけることができませんでした。ノボルは周辺のブロックも探しました。どのブロックにも黒もしくは赤の 100 台以上のバイクが並んでいました。

However, he could not find the bike he borrowed from Satoshi. Noboru also searched the surrounding blocks. In every block, there were more than 100 black or red bikes lined up.

サトシのバイクのナンバー・プレートの写真を携帯電話で撮影していたので、それを頼りにバイクを一台一台確認していきました。

Noboru had taken a picture of the license plate of Satoshi's bike with his cell phone, so he relied on that to check each bike.

東京と比較して、気温は高く、ひどく蒸し暑い中、ノボルは頭がぼおっとなってきました。1 時間半が経過してもサトシのバイクを見つけることができず、冷静に考える力を自分が失っていることに彼は気がつきました。

The temperature was much higher than in Tokyo, and it was extremely hot and humid, making Noboru feel lightheaded. After an hour and a half, he still couldn't see Satoshi's bike, and he realized he was losing his ability to think calmly.

そこで、ノボルは喫茶店で一休みしようと思いました。喫茶店はいくつかありましたが、どの店にも冷房がありませんでした。ノボルは冷房がある空間で体を休め、体力を回復する必要があると感じていました。

So Noboru decided to take a break at a coffee shop. There were several coffee shops, but none of them had air conditioning. Noboru felt that he needed to find a place with air conditioning to rest his body and recover his strength.

そうした中、一軒のホテルを見つけました。ホテルの１階は冷房が効いていました。ホテルの中にノボルが入ると、誰かがベトナム語で彼に叫びました。その声の主は、入り口近くの椅子に座っている男でした。彼はホテルの門衛のようでした。ノボルは英語でその門衛に説明しようとしましたが、彼は英語を理解しませんでした。

In the midst of all this, Noboru found a hotel. The first floor of the hotel was air-conditioned. As Noboru entered the hotel, someone shouted to him in Vietnamese. The owner of the voice was a man sitting in a chair near the entrance to the hotel. He seemed to be the hotel's gate guard. Noboru tried to explain to the guard in English, but he did not understand.

幸いなことに、ノボルは英語を話せる女性のホテル従業員を見つけました。そして、自分の置かれている状況を説明し、しばらく休むことを許してくれるように彼女に頼みました。すると、彼女は少し迷った後で許可してくれました。彼女は、"You have 15 minutes." と言いました。

Fortunately, Noboru found a female hotel employee who could speak English. He explained his situation to her and asked her to allow him to rest for a while. After a little hesitation, she gave him permission. She said, "You have 15 minutes."

ノボルはホテルのロビーのソファに座りました。冷たい空気のおかげで、作戦を考えるためのエネルギーが湧いてきました。携帯電話で、グーグル・マップをもう一度確認した後、ノ

トを開き、ペンを持ち、通りの名前入りの簡単な地図を描きました。同じ道を行ったり来たりしている可能性がありました。

Noboru sat down on a sofa in the hotel lobby. The cool air gave him the energy he needed to think about his plan. After checking Google Maps on his cell phone one more time, he opened his notebook, picked up a pen, and drew a simple map with the names of the streets. There was a possibility that he were going and coming along the same road.

そこで地図に書かれた通りを一つ一つ確認していくことにしました。そう、単純な消去法を実行することにしたのです。15分休憩できたおかげで、混乱した頭の中が整理でき、体力も少し回復することができました。

So, he decided to check each street marked on the map one by one. Thanks to the 15-minute break, he was able to sort out the confusion in his head and recover some of his strength. He was able to recover some of his physical strength as well.

鞄に入っていた飴をホテルの女性従業員と門衛にいくつか
渡してお礼を言った後、ノボルはホテルを出て、再びバイク
を探し始めました。

After thanking the hotel's female staff and gate guards for the
candy in his bag, Noboru left the hotel and began searching for
the bike again.

1時間以上かかりましたが、ついにノボルはサトシの赤い
YAMAHAのバイクを発見しました。ノボルは心の底から、こ
の発見を喜び、安心しました。

It took more than an hour, but Noboru finally found Satoshi's red
Yamaha motorcycle. From the bottom of his heart, Noboru was
delighted and relieved by this discovery.

まだ午後3時でしたが、他の場所を訪れる気力も体力もありま
せんでした。ノボルは冷房の効いている場所を求めて、サトシの
会社近くのデパートまでバイクで移動しました。デパートの中で
休憩用ソファを見つけて、そこに座って何もせずに休みました。
ノボルは自分が熱射病になっていることに気づきました。

It was still three o'clock in the afternoon, but he didn't have the
energy or stamina to visit another place. Noboru rode his bike to
a department store near Satoshi's office, hoping to find a place
with better air conditioning. Inside the department store, he found
a sofa to rest on and sat down to rest without doing anything.
Noboru realized that he was suffering from heatstroke.

その後、サトシのアパートに戻ってからも、横になってノボルは休んでいました。はじめは、体調がひどく悪く、気分がわるかったものの、少しずつ体力が回復しているのをノボルは感じました。サトシが仕事を終え帰宅した後、近所のベトナム料理屋に二人は一緒に夕食のために出かけました。

After that, Noboru went back to Satoshi's apartment and lay down to rest. At first, his physical condition was very bad and he didn't feel good, but he felt that his strength was gradually recovering. After Satoshi finished his work and went home, the two of them went to a Vietnamese restaurant in the neighborhood for dinner.

その日、ノボルは朝食以来、何も食べていませんでしたが、食欲を感じていませんでした。しかし、その料理屋には幸いなことにノボルにとって理想的な食べ物がありました。それはフォーでした。

On that day, Noboru had not eaten anything since breakfast, but he did not have an appetite. Fortunately, however, the restaurant had the ideal food for Noboru. It was pho.

ベトナムの麺料理で、米から作られていて、あっさりしています。全部は食べられませんでしたが、ノボルはフォーを美味しいと感じることができました。

It is a Vietnamese noodle dish made from rice, and it is very light. Although he couldn't eat all of it, Noboru found pho to be delicious.

そこで、ノボルは思いがけなくすることになった宝探しゲームとその苦労についてサトシに詳しく話し、二人で一緒にたくさん笑いしました。

Noboru told Satoshi about the treasure hunting game he had unexpectedly joined and the hardships it had caused him, and the two of them laughed a lot together.

ことばと表現 / Vocabulary & Expressions

旅行【りょこう】 travel

空港【くうこう】 airport

乗る【のる】 to get on, to ride

道路【どうろ】 native,

流れる【ながれる】 to flow

川【かわ】 river

期間【きかん】 period

泊まる【とまる】 to stay

企業【きぎょう】 company

働く【はたらく】 to work

地域【ちいき】 area

観光【かんこう】 tourism, sightseeing

楽しむ【たのしむ】 to enjoy

平日【へいじつ】 weekday

借りる【かりる】 to borrow

移動する【いどうする】 souvenir

土産【みやげ】 souvenir

地元【じもと】 local

目指す【めざす】 to aim

歩道【ほどう】 sidewalk

駐車する【ちゅうしゃする】 to park

向かう【むかう】 to head

距離【きょり】 distance

道【みち】 road

複雑【ふくざつ】 complicated

無事【ぶじ】 safe

注文する【ちゅうもんする】to order

周辺【しゅうへん】 surroundings

もしくは【--】 or

並ぶ【ならぶ】 to line up

頼りに【たよりに】 to rely on

確認する【かくにんする】 to confirm

比較する【ひかくする】 to compare

気温【きおん】 temperature

蒸し暑い【むしあつい】 muggy

経過する【けいかする】 to go on

冷静に【れいせいに】 calmly

失う【うしなう】 to lose

気がつく【きがつく】to be aware of

一休みする【ひとやすみする】 to take a break

冷房【れいぼう】 air-conditioning

体力【たいりょく】 physical strength

回復する【かいふくする】 to recover

誰か【だれか】 someone

叫ぶ【さけぶ】 to shout

声【こえ】 voice

主【ぬし】 owner

入り口【いりぐち】 entrance

門衛【もんえい】 gate guard

従業員【じゅうぎょういん】 employee

許可する【きょかする】 to permit

作戦【さくせん】 strategy

エネルギーがわく【えねるぎーがわく】 to feel empowered.

簡単な【かんたんな】 simple

地図【ちず】 map

消去法【しょうきょほう】 elimination method

実施する【じっしする】 to implement

混乱する【こんらんする】 to be confused

鞄【かばん】 bag

飴【あめ】 candy

渡す【わたす】 to give

発見する【はっけんする】 to discover

心の底から【こころのそこから】 from the bottom of my heart

安心する【あんしんする】 to be relieved

熱射病【ねっしゃびょう】 heatstroke

ハノイでの宝探しゲーム Treasure Hunting in Hanoi

without reading aids

2016 年 5 月、42 歳の日本人、ノボルはベトナムのハノイに 5 日間の旅行をしました。

空港からタクシーに乗ってハノイ市内に入ると道路はバイクだらけになりました。道路はまるでバイクが流れる川のようだとノボルは思いました。

旅行の期間、ノボルは友人のサトシのアパートに泊めてもらいました。当時、サトシはハノイの IT 企業でエンジニアとして働いていました。

週末、ノボルはサトシとハノイ以外の地域も含め、あちこち観光を楽しみました。平日、サトシが仕事をしている間、ノボルはサトシのバイクを借りました。ノボルは現地のベトナ

ム人と同じようにバイクでハノイを移動することを大いに楽しみました。

ある朝、娘へのお土産として、地元の店でスタンプを作りたいと思い、ノボルはバイクに乗ってハノイ市内のスタンプ屋を目指しました。その店の近くまで来たと思ったので、バイクを歩道に駐車して、スタンプ屋に向かいました。しかし思っていたより、そのスタンプ屋までは距離があり、道も複雑でした。

無事、スタンプを注文できたので、バイクを駐車したと思った場所にノボルは戻りました。
しかしながら、サトシから借りたバイクを見つけることができませんでした。ノボルは周辺のブロックも探しました。どのブロックにも黒もしくは赤の100台以上のバイクが並んでいました。

サトシのバイクのナンバー・プレートの写真を携帯電話で撮影していたので、それを頼りにバイクを一台一台確認していきました。

東京と比較して、気温は高く、ひどく蒸し暑い中、ノボルは頭がぼおっとなってきました。1時間半が経過してもサトシ

のバイクを見つけることができず、冷静に考える力を自分が失っていることに彼は気がつきました。

そこで、ノボルはコーヒー・ショップで一休みしようと思いました。コーヒー・ショップはいくつかありましたが、どの店にも冷房がありませんでした。ノボルは冷房がある空間で体を休め、体力を回復する必要があると感じていました。

そうした中、一軒のホテルを見つけました。ホテルの１階は冷房が効いていました。ホテルの中にノボルが入ると、誰かがベトナム語で彼に叫びました。その声の主は、入り口近くの椅子に座っている男でした。彼はホテルの門衛（ゲートキーパー）のようでした。ノボルは英語でその門衛に説明しようとしましたが、彼は英語を理解しませんでした。

幸いなことに、ノボルは英語を話せる女性の従業員を見つけました。そして、自分の置かれている状況を説明し、しばらく休むことを許してくれるように彼女に頼みました。すると、

彼女は少し迷った後で許可してくれました。彼女は、"You have 15 minutes." と言いました。

　ノボルはホテルのロビーのソファに座りました。冷たい空気のおかげで、作戦を考えるためのエネルギーが湧いてきました。携帯電話で、グーグル・マップをもう一度確認した後、ノートを開き、ペンを持ち、通りの名前入りの簡単な地図を描きました。同じ道を行ったり来たりしている可能性がありました。

そこで地図に書かれた通りを一つずつ確認していくことにしました。そう、単純な消去法を実行することにしたのです。

15分休憩できたおかげで、混乱した頭の中が整理でき、体力も少し回復することができました。

鞄に入っていた飴をホテルの女性従業員と門衛にいくつか渡してお礼を言った後、ノボルはホテルを出て、再びバイクを探し始めました。1時間以上かかりましたが、ついにノボルはサトシの赤いYAMAHAのバイクを発見しました。ノボルは心の底から、この発見を喜び、安心しました。

まだ午後3時でしたが、他の場所を訪れる気力も体力もありませんでした。ノボルは冷房の効いている場所を求めて、サトシの会社近くのデパートまでバイクで移動しました。ソファを見つけて、そこに座って何もせずに休みました。ノボルは自分が熱射病になっていることに気づきました。

その後、サトシのアパートに戻ってからも、横になってノボルは休んでいました。はじめは、体調がひどく悪く、気分がわるかったものの、少しずつ体力が回復しているのをノボルは感じました。サトシが仕事を終え帰宅した後、近所のベトナム料理屋に二人は一緒に夕食のために出かけました。

その日、ノボルは朝食以来、何も食べていませんでしたが食欲を感じていませんでした。しかし、その料理屋には幸

なことにノボルにとって理想的な食べ物がありました。それはフォーでした。

ベトナムの麺料理で、米から作られていて、あっさりしていて食べやすい。全部は食べられませんでしたが、ノボルはフォーを美味しいと感じることができました。

そこで、ノボルはその日に起こったできごとについて詳しくサトシに話し、二人で一緒にたくさん笑いしました。

1. 旅行の期間中、ノボルはどこに宿泊しましたか。

Where did Noboru stay during the trip?

a. ホテル

b. サトシのアパート

c. ベトナム料理レストラン

2. ノボルは娘にどんなお土産を買いましたか。

What souvenirs did Noboru buy for his daughter?

a. コーヒー

b. 飴

c. スタンプ

3. ノボルがバイクを探す途中で休んだのはどこですか。

Where did Noboru rest on his way to find his bike?

a. コーヒー・ショップ

b. デパート

c. ホテルのロビー

答え / Answers

1. b. サトシのアパート　Satoshi's apartment
2. c. スタンプ　Stamp
3. c. ホテルのロビー　Hotel lobby

■ Simple Way to Build Vocabulary in a Foreign Language through the Read-Aloud Method

What can you do to build your vocabulary in your target foreign language? I would like to introduce one of my methods to build vocabulary effectively.

Some people use word books, flash cards, and Smartphone applications to build vocabulary. I have tried such methods during junior high school days.

However, I concluded that those methods were inefficient, and I have stopped using them. I am always interested in how words and expressions that I try to remember are used in a specific context. If I remember words and expressions without context, I will not be able to use the words and expressions with confidence in communicating with others (not only speaking but also writing). That's why I do not like to remember words and expressions without context.

For example, I heard the word "to boost" for the first time in my workplace. My coworker said that we needed strategies to boost our app downloads. Since I worked for a company that provided apps for consumers at that time, it was not difficult for me to imagine that to boost something means "to increase" or "to improve" something.

After that, I began to wonder if I could use this expression with language skills and memorization techniques. After checking several articles related to language skills, I found many writers used "to boost" with language skills or memorizing. Since then I have been using the expression in actual conversation including in my Japanese lessons. For instance, "You can boost your Japanese communications skills with this method!"

Memorizing Words and Expressions in Context

184

I always try to remember new words and expressions by reading short articles and stories. This helps me remember not only new words and expressions but also how to make sure they are used in a specific context and fit together with other words and expressions.

As a result of this method, you can confidently use words and expressions you acquired without hesitation in real situations. This is a very important point, especially when speaking a foreign language. If you try to figure out whether words and expressions are suitable or not while speaking, it will be difficult for you to continue a conversation smoothly.

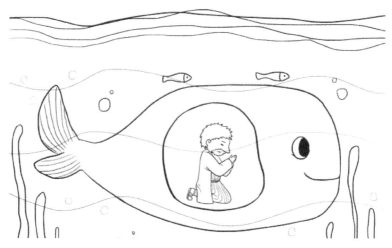

There are multiple advantages to remembering new words and expressions through articles and stories. Unlike computers, human beings are not good at memorizing things just through mechanical input without any ingenuity. On the other hand, we are good at memorizing information linked to a specific context. Context shapes the meaning in all communication. Content is a narrative. Most of our ways of understanding the world are narr tives of one form or another. They help us remember new words and expressions we're trying to learn. Because understanding and memory are intertwined we shouldn't be surprised that they are also very powerful mnemonic devices.

Learning method

My learning method is not complicated at all. You just need to read out loud (not silently!) articles or short stories that contain the words and expressions you want to acquire while thinking of the meaning of the words, sentences, and paragraphs. When reading out loud, we form auditory links in our memory pathways. We remember ourselves saying it out loud, and so we not only form visuals, but we also form auditory links. Reading out loud causes us to remember better.

Vocabulary Building through Read-Aloud Method

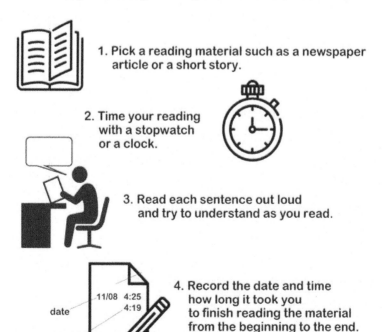

1. Pick a reading material such as a newspaper article or a short story.

2. Time your reading with a stopwatch or a clock.

3. Read each sentence out loud and try to understand as you read.

4. Record the date and time how long it took you to finish reading the material from the beginning to the end.

date
11/08 4:25
        4:19
time

Time your reading and record the date and time

Time your reading with a stopwatch or a clock. Read each sentence out loud while trying to understand it. Record the date you read the text, and time how long it took you to finish reading the material from beginning to end. When you start working on new content, you will notice that the time required to finish reading gets shorter and shorter each time you read it aloud. It means you have become faster at reading. Reading aloud over time will speed up your brain's ability to recognize and understand expressions, sentences, and the whole content. With this method, you can see the growth quantitatively and objectively. This will give you motivation to keep up your studies.

Though it might feel tedious to do this over and over, timing your reading makes you notice even small changes in your growth. For example, you may feel that you are able to read some content very quickly.

The reason why I always record the date is so that I can see how long ago I read that piece. For example, when I pick a piece to read, and I can see the date I last read it, I might think, "Oh, I haven't read this content in a few months. Let's refresh my memory which I might have lost…" The date tells you the timing when you need to refresh the memory.

How to pick content (articles or stories)

Regarding content, I consider it best to choose pieces that you can finish reading within 5 minutes or less. In my case, I find it a bit difficult to concentrate over 8 minutes. However, what should we do with long content that takes more than 5 minutes to read? If you finish reading the content within 7 minutes on the first round, you could shorten the time within 5 minutes after reading it out loud several times. On the other hand, if it took more than 8 minutes, it seems difficult to shorten it within 5 minutes. In that case, please divide the text into two, the first half and the second half. For example, there are long articles that take about more than 20 minutes to finish reading in total; I divide them into four parts.

Increasing the number of pieces to read aloud
When you read one piece 15 times or more, you will be able to understand not only its surface meaning but also its themes and deeper meanings as well as visualize it more specifically. Of course, I'm sure that you will remember the words and expressions used in it during the entire reading process. Once you feel you fully understood the piece and remembered the words and expressions, it is time for you to add new content to increase your vocabulary.

After reading aloud the new content many times, please go back

to previous content and read that aloud again to refresh your memory of words and expressions that you might have forgotten. If you repeat this process, you can keep words and expressions in a fresh state, and they become committed to long-term memory. As a result, you will be able to use them whenever you need them.

I hope this is useful for you.

■ Japanese Sentence Patterns Training Book Series

These book are designed for people who want to improve their Japanese speaking skills. By practicing the Japanese language using the grammar points and example sentence groups in this book in combination with the Sentence Pattern method and the Read-Aloud method, you can improve your Japanese speaking ability and overall Japanese language skills.

Paperbacks
Japanese Sentence Patterns for JLPT N5 : Training Book
Japanese Sentence Patterns for JLPT N4 : Training Book
Japanese Sentence Patterns for JLPT N3 : Training Book
Japanese Sentence Patterns for JLPT N2 : Training Book Vol.1
Japanese Sentence Patterns for JLPT N2 : Training Book Vol.2
Japanese Sentence Patterns for JLPT N1 : Training Book Vol.1
Japanese Sentence Patterns for JLPT N1 : Training Book Vol.2
Japanese "Question" Sentence Patterns Training Book

ebooks

Japanese Sentence Patterns for JLPT N5 : Training Book
Japanese Sentence Patterns for JLPT N4 : Training Book
Japanese Sentence Patterns for JLPT N3 : Training Book
Japanese Sentence Patterns for JLPT N2 : Training Book
Japanese Sentence Patterns for JLPT N1 : Training Book
Japanese "Question" Sentence Patterns Training Book

Japanese Lessons

If you are interested in the author's Japanese lesson, you can book it in the following URL:

https://www.italki.com/teacher/2757272

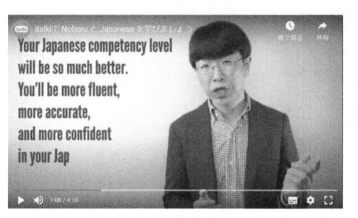

SCAN ME

This is an online lesson on a one-on-one basis for practicing Japanese with the Sentence Pattern Method and the Read-aloud Method.

You can have lessons no matter where you are via web video platform like skype or zoom.

■ Online Course

Learning the Japanese Language Effectively

SCAN ME

In this online course, you will find not only effective ways to learn Japanese, but also my experiences to find a way to this unique way of learning the language, as well as more specific learning methods that are not covered in the book series. I recommend this online course to anyone who wants to get the most out of the Japanese Sentence Pattern Training Books Series.

■ About the author

Noboru Akuzawa was born in Japan in 1973. He is the author of "Japanese Sentence Patterns: Training Book" series. When Noboru was young, he had trouble speaking English. In his efforts to improve his English speaking skills, he came up with a unique way of learning the language that combines the Sentence Patterns Method with the Read Aloud Method. Through this method, he dramatically improved his English speaking skills and then studied at graduate school of the University of Birmingham, England, as a Rotary Foundation Ambassadorial Scholar, where he earned a master's degree. He is supporting Japanese language learners through books and other contents to help them learn Japanese effectively.

■ Send Us Your Feedback

Your feedback is highly appreciated and will help us to improve our books.

Please send your opinions and feedback to the following the author's email address.

akuzawa@gmail.com

Made in the USA
Las Vegas, NV
27 April 2023

71184237R00108